使徒的勧告 喜びに喜べ

現代世界における聖性

教皇フランシスコ

FRANCISCI
SUMMI PONTIFICIS

ADHORTATIO APOSTOLICA

GAUDETE ET EXSULTATE

カトリック中央協議会

目次

装丁　桂川潤

教皇フランシスコ　使徒的勧告　喜びに喜べ
――現代世界における聖性

現代世界における聖性への招きについて

1　「喜びなさい。大いに喜びなさい」（マタイ5・12）――イエスはご自分のために迫害され辱めを受ける人たちにいわれます。主はわたしたちにすべてを求めておられますが、ご自分からは、まことのいのち、幸せ――わたしたちはそれを得るために造られました――をお与えになられます。わたしたちに望んでおられるのは聖なる者となることであり、平凡で風味に乏しい、曖昧なものにとどまることではありません。実に、まさしく最初の書から、聖書にはさまざまなかたちでの、聖性への呼びかけがあります。ですから主は、アブラハムに命じます。「あなたはわたしに従って歩み、全《まった》き者となりなさい」（創世記17・1）。

2　この重要なテーマを豊かにする数々の定義や個々の特徴づけを伴う、あるいは、聖化の方法論についての可能な分析を含んだ、聖性に関する学術論文を本書に期待しないでください。わたしのささやかな目標は、現代に合った実際的なしかたで、危険、挑戦、機会も含めた聖性への呼びかけを、あらためて響かせることです。主がわたしたち一人ひとりを「愛して、ご自分の前で聖なる者、汚れのない者にしようと」（エフェソ1・4）選んでくださったからです。

第一章　聖性への招き

励まし、寄り添ってくださる諸聖人

3　ヘブライ人への手紙では、「自分に定められている競走を忍耐強く走り抜」(12・1)くことのできるようわたしたちを励ましている、多くのあかし人について述べられています。そこではアブラハム、サラ、モーセ、ギデオン、その他の人々について語られています(11・1〜12・3参照)。とりわけ心に刻みなさいと呼びかけられているのは、わたしたちが「おびただしい証人の群れに囲まれている」(12・1)こと、彼らは、途中でやめてはならないとわたしたちに声援を送り、目的に向かって歩み続けるよう奮い立たせてくれているということです。その人々の中には、自分のお母さんや、おばあさん、他の親しい人たち（二テモテ1・5参照）がいても不思議ではありません。必ずしも彼らの人生は非の打ちどころのないものではなかったかもしれません。それでも彼らは、過ちや失敗を犯しても前向きであり続ける、主の心にかなう者でした。

4　すでに神のみもとにいる聖人たちは、わたしたちとの愛と交わりのきずなを絶やさずにいてくださいます。黙示録は、執り成しておられる殉教者のことばに言及し、そのことをはっきりと示しています。「神のことばと自分たちがたてたあかしのために殺された人々の魂を、わたしは祭壇の下に見た。彼らは大声でこう叫んだ。「真実で聖なる主よ、いつまで裁きを行わず、地に住む者にわたしたちの血の復讐をなさらないのですか」」（6・9―10）。こういってよいでしょう。「わたしたちは、神の友によって囲まれ、導かれています。……決して独りで担うことのできないことを、独りで担う必要はありません。神のすべての聖人たちが、かしこでわたしを守り、わたしを支え、わたしを担ってくださいます[1]」。

5　列福と列聖の手続きで考慮するのは、諸徳の実践における英雄的しるし、殉教、あるいは他者のために死に至るまで自分のいのちを差し出したという出来事によって、わが身を犠牲にすることです。この差し出す行為は、イエスに倣う模範を示し、信者がたたえるにふさわしいものです。(2) たとえば、キリスト教一致のためにいのちをささげた、福者マリア・ガブリエラ・サゲドゥのことを思い出してみましょう。

身近な聖人

6　すでに列福、列聖された人たちばかりを考えないでください。聖霊は、神の聖なる忠実な民のもとに、くまなく聖性を注いでくださいます。「神は、人々を個別的に、まったく相互のかかわりなしに聖化し救うのではなく、彼らを、真理に基づいて神を認め忠実に神に仕える一つの民として確立することを望(3)まれたからです。救いの歴史を通して主は、一つの民を救ってくださいました。民に属さずには、完全なアイデンティティなど確立しえません。ですから、他者と隔絶した個として単独で救われる人などはおらず、神は、人間共同体の中に示される複雑に交差した人間どうしのかかわりを大切になさりながら、ご自分のもとへとわたしたちを引き寄せてくださいます。神は、民の躍動の中に、民という躍動に、加わろうと望まれたのです。

7　わたしは、神の民の忍耐の中に聖性を見るのが好きです。あふれるほどの愛を注いで子育てにあたる親、家族の生活の糧のために働く人、笑顔を絶やさない、病にある人や高齢の修道者です。日々歩み続けるこの根気の道に、わたしは闘う教会の聖性を見ます。それは大抵、わたしたちのすぐ近くで神の現存を映し出す「身近な」聖性です。別の言い方をすれば、「中産階級の聖性(4)」です。

8　「とくに信仰と愛の生活を通してキリストについて生きたあかしを広め…ることによって行われる」「キリストが果たした預言職にも参加(5)」する民の中の、ひたすら身を低くした成員たちを通して主がわたしたちにお示しになる聖性のしるしから刺激を受けましょう。十字架の聖テレジア・ベネディクタおとめ殉教者（エディット・シュタイン）が示しているように、真実なる歴史は、大勢のそうした人によって築かれていることを振り返ってみましょう。「漆黒の闇に、偉大な預言者たち、聖者が現れる。だがその霊妙な生涯の成り立ちは、不可思議にとどまる。実に、この世の歴史の決定的な出来事は、歴史書には名の刻まれない者らの魂が、実質的に力を及ぼしたもの。そしてわたしたちは、隠されていたすべてが露わになるその日にようやく、自分の私的生活に決定的な変化のきっかけを与えた者の魂と出会うのである(6)」。

9　聖性は、教会の最高に美しい顔です。実際、カトリック教会の外や、まったく関係のないところであっても、聖霊は「キリストの弟子たちを助ける、ご自分の現存のしるし(7)」を浮かび上がらせてくださいます。聖ヨハネ・パウロ二世はまた、「血を流すことも辞さないキリストに対するあかしは、カトリック、正教会、聖公会、プロテスタント共通の遺産になってい(8)」ることをわたしたちに気づかせてくれました。二千年の大聖年に、コロッセオで開催された盛大な超教派の記念式典で彼は、殉教者は「分断を引き起こすものをしのぐ大声で語る、優れた遺産(9)」だと述べました。

主は呼んでおられる

10　このすべてが重要です。しかし、この勧告によって気づいていただきたいのは、何よりも、主のわたしたち各人に対する聖性への招き、あなたへのあの呼びかけです――「聖なる者となれ。わたしが聖なる者だからである」（レビ11・44。一ペトロ1・16参照）。第二バチカン公会議はこれをはっきり言明しています。「これほど多くの優れた救いの手段に恵まれているすべてのキリスト信者は、どのような生活条件と身分にあっても、各自自分の道において、父自身が完全にもっている聖性に達するよう主から招かれている」(10)。

11　「各自自分の道において」、そう公会議はいいます。ですから、倣うのは到底無理だと思える聖性の手本を思い浮かべて、やる気を失ってはなりません。支えとやる気とを与えてくださるあかし人もいますが、だからといってその人を丸写ししようとするのは違います。それは、主が与えてくださった各自それぞれの異なる道から、わたしたちを引き離しかねないからです。大切なのは、各信者が自分自身の道を識別し、神が自分に用意してくださった自分だけのもの、その自分のよさを発揮することであって（一コリント12・7参照）、求められていないものをまねようとして疲弊することではありません。わたしたちはだれしも、あかし人になりなさいと呼ばれていますが、あかしの具体的な形態は数多くあるのです[11]。事実、優れた神秘家である十字架の聖ヨハネは、自著『霊の賛歌』の中で、万人向けに敷かれた道は避けて通りたいと記しています。そして各人が「自分の……様式……に応じて[12]」それができるようにとこの詩が編まれたことを語ります。神のいのちとは、「ある者にはこの様式で、他の者には他の様式で[13]」伝えられるものなのです。

12　さまざまな形態がある中、「女性の才能」もまた、神の聖性をこの世に映すには不可欠な、女性ならではの聖性のあり方に表れるものだということを強調したいと思います。事実、女性が今よりないがしろにされていた時代にあっても、聖霊によって、教会に新たな霊的活力や重要な刷新をもたらすほどの魅力をもつ聖人が生まれました。ビンゲンの聖ヒルデガルト、聖ビルジッタ、シエナの聖カタリナ、アヴィラの聖テレジア、リジューの聖テレジアが挙げられます。けれどもわたしの関心は、知られることのなかった女性、また忘れ去られた多くの女性、それぞれ固有のしかたで、自らのあかしによって家族や共同体を支え、変えた人たちを思い起こすことにあるのです。

13　そのことが、すべてを差し出し、神が永遠のかなたより望まれていた唯一無二のあの計画を目指して成長するようにと、わたしたち一人ひとりの胸を躍らせ、力づけてくるはずです。「わたしはあなたを母の胎内に造る前から、あなたを知っていた。母の胎から生まれる前に、わたしはあなたを聖別した」（エレミヤ1・5）。

あなたも同じ

14　聖なる者となるのに、司教や、司祭、修道者になる必要はありません。わたしたちは聖性が、日常のもろもろから離れて、祈りに多くの時間を割くことのできる人だけのものだと思ってしまいがちです。そうではありません。それぞれが置かれている場で、日常の雑務を通して、愛をもって生き、自分に固有のあかしを示すことで聖なる者となるよう、わたしたち皆が呼ばれているのです。あなたは奉献生活に召し出されたのですか。喜びをもって自分の献身を生きることで、聖なる者となりなさい。既婚者ですか。キリストが教会にされたように、あなたの夫、あなたの妻を愛し大切にすることで聖なる者となりなさい。あなたは労働者ですか。兄弟姉妹に仕える自分の仕事を誠意と能力を尽くして果たすことで、聖なる者となりなさい。あなたは子や孫をもつ身ですか。イエスに従うことを幼い子どもに根気強く教えることで、聖なる者となりなさい。あなたは権限ある立場の人ですか。共通善のために闘い、己の利益を顧みずに務めることで、聖なる者となりなさい(14)。

15　あなたの洗礼の恵みを、聖性の歩みの上に実らせなさい。すべてを神に向けて開いておきなさい。そのために、ただひたすらに神を選び、幾度も幾度も神を選びなさい。腐ってはなりません。あなたにはそれができるようにしてくださる聖霊の力があり、聖性は、最後に、あなたの人生の中で聖霊の実となるからです（ガラテヤ5・22―23参照）。自分の弱さに流される誘惑を覚えたならば、目を上げて十字架につけられたかたを見つめていいなさい。「主よ、わたしは弱くあわれな者ですが、あなたはわたしを少しでもよくしてくださる、奇跡を行うことがおできになります」。あなたは、聖性に向けて成長するために必要なすべてを、聖なるものであり、かつ罪人から成る教会に見ることができるでしょう。主は教会を、みことば、秘跡、聖所、共同体の生活、諸聖人のあかし、主の愛からもたらされる多種多様な美といった恵みで満たし、「花嫁のように宝石で飾ってくださる」(イザヤ61・10)のです。

16　主があなたを招いているこの聖性は、小さな行動を通して成長します。たとえば——ある女性が買い物中に近所の人と会い話し出して、陰口になったとします。でもその人は心の中でいいます。「いけない。人のことを悪くいわないようにしないと」。これが聖性の一歩です。今度は家で子どもが、空想の話を聞いてほしがると、とても疲れてはいたものの、傍らに座ってじっと優しく話を聞いてあげます。これもまた聖性をもたらすもう一つのものです。そして不安に押しつぶされそうなとき、おとめマリアの愛を思ってロザリオを手に取り、信頼を込めて祈ります。これもまた聖性のもう一つの道です。そして今度は通りに出て、貧しい人に気づくと、立ち止まって優しく話をする。これもまた別の一歩です。

17　時に人生は大きな試練を与え、それを通して主はわたしたちに、もう一度回心するよう招いておられます。主の恵みがわたしたちの生活の中でよりよく表れるようにし、「ご自分の神聖にあずからせる」(ヘブライ12・10)ためです。またあるときには、すでに始めていることをより完全なものへとひたすら極めることが問題となります。「霊示のうちには、ただキリスト教的生活の通常の徳行の異常な完全性を目指すものがある」[15]。グエン・ヴァン・トゥアン枢機卿は投獄されたとき、解放を待つだけに時を費やすことはしないと決意しました。その代わり、「今というこの瞬間を生き、そして、それを愛で満たそう」と心に決めました。それを実現させる方法は、「普通の仕事を非凡に遂行するために、毎日やってくる機会をしっかりつか[16]」むことです。

18　どうか、自己を満足させる人としてではなく、「神のさまざまな恵みのよい管理者として」（一ペトロ4・10）、神の恵みに駆られ、小さな行動の積み重ねによって、神が望まれた聖性の姿を築いてください。ニュージーランドの司教団がいみじくも教えてくれたのは、復活されたかたがわたしたちの弱いいのちをご自分の力あるいのちにあずからせてくださったのだから、わたしたちは主の無条件の愛をもって愛することができるということです。「あのかたの愛は限りなく、ひとたび与えられたなら決して奪い取られることはありません。無条件で、忠実であり続けたのです。そのように愛することは容易ではありません。わたしたちは大抵とても弱いからです。ですが、キリストが愛してくださったように愛せるよう、わたしたちをご自分の復活したいのちにあずからせてくださるのです。このようにしてわたしたたちの生活は、たとえ人間的弱さの中にあっても働き続ける、キリストの力を明らかにするのです」[17]。

キリストのうちにあるあなたの使命

19　キリスト者は、地上での自分の使命を聖性の道と受け止めることなく、それについて考えることはできません。「神のみ心は、あなたがたが聖なる者となること」（一テサロニケ4・3）だからです。どの聖人も、それぞれ一つの使命です。歴史の特定な時に、福音のある側面を映し出し、受肉させるために、御父が計画されたものです。

20　この使命は、キリストにおいて完全な意味をもち、キリストを通して初めて理解されるものです。結局のところ聖性とは、キリストとの一致を通してそのかたのいのちの神秘を味わうことです。固有で自分らしいかたちで主の死と復活に自分を結びつけること、主とともに死と復活を何度も繰り返すことで成るものです。ですがそれは、イエスの地上での生活にあったさまざまな側面を、自分自身の生活の中に再現させるという意味でもあります。イエスの、公にされていない私生活、共同体生活、見捨てられた人への寄り添い、つましさ、ほかにも、自己をささげ尽くす愛を表すさまざまなものがあります。聖イグナツィオ・デ・ロヨラが勧めるように、こうした神秘の観想は、自らの選択と姿勢によってそれらが具体化されるようわたしたちを導いてくれます。[18]「イエスの生涯のすべてはその神秘のしるし[19]」であり、「キリストの全生涯は御父を啓示するもの[20]」であり、「キリストの全生涯はあがないの神秘[21]」、「キリストの全生涯は統合の神秘[22]」、「キリストの全生活は、わたしたちがご自分とともにそれを生き、ご自分がわたしたちとともにそれを生きることができるようにするためのもの[23]」だからです。

21　御父の計画はイエスであり、イエスのうちにあるわたしたちです。つまりそれは、わたしたちのうちの愛であるキリストです。「聖性とは、完全に愛を生きることにほかならない[24]」からです。ですから「聖性の度合いは、キリストがわたしたちのうちで達する背丈によって決まります。聖霊の力で、わたしたちがどれだけキリストの生き方に基づいて自分の生き方を形づくるかによって決まります[25]」。それぞれの聖人は、聖霊がイエス・キリストの豊かさから受け取ってその民に与える、メッセージなのです。

22　聖人を通して主が伝えようとしておられるメッセージを知るためには、細かな点にこだわらないほうがよいでしょう。そこに過ちや失敗を見つけてしまうからです。聖人が語ることがことごとく福音に完全に忠実だというわけではなく、その行いのすべてが真正で完璧なのでもありません。じっくり見つめるべきは、その聖人の生涯の全体、聖性に向かう歩み全体、イエス・キリストのなにがしかを映し出しているその姿であり、それは、聖人を人格全体として捉えたときに現出するものです(26)。

23　これは、わたしたち皆に向けられた力強い呼び出しです。あなたも、自分の人生のすべてを使命として受け止めなければなりません。祈りのうちに神に聴き、神がお与えになるしるしを見極めることで、そのように努めてください。人生の瞬間瞬間に、しなければならない選びの一つ一つの中にイエスが何を期待しておられるかを、あなたの使命にとってそれがどのような意味があるのかを識別するためにも、つねに聖霊に尋ねなさい。そして、現代世界の中にイエス・キリストを映す、あなたらしいその神秘を、あなたの中に築いていただきなさい。

24　あなたの人生を用いて神が世に伝えたいと望まれることば――それはイエスというメッセージです。どうかそれに気づいてください。それができるように、そしてあなたの尊い使命がくじかれることのないように、自分を変えていただきなさい。聖霊によってもう一度新たなものにしていただきなさい。愛の道を離れることなく、清めと照らしを与える主の超自然的なわざに開かれたままでいられたなら、過ちやうまくいかない時にあっても、主がそれを完成させてくださるでしょう。

聖性につながる活動

25　もたらしてくださったみ国と切り離してはキリストを理解できないように、あなたに固有の使命はみ国の建設と切り離すことはできません。「何よりもまず、神の国と神の義を求めなさい」（マタイ6・33）。キリストとその願いとを自分のものとしているあなたの身分証は、そのかたとともに、すべての人のための愛と正義と平和であるその国を築いていく責務を示しています。それに伴う努力と犠牲のすべて、またあなたに与えられる喜び、そして多くの実りを、あなたとともに味わいたいとキリストご自身が望んでおられます。ですからあなたは、そのための最善の努力を尽くすべく、その身と心を差し出すことなしには、聖化されることはないでしょう。

26　静寂を好んで他者とのかかわりを避け、くつろぎを望んで行動を拒み、祈ることを追い求めて業務への従事を低く見ることは、健全なことではありません。すべてのことは、この世におけるその人の存在の一部として受け入れられ組み込まれうるものですし、聖性の歩みの一部となります。わたしたちは活動の最中にあっても観想的であるようにと、また自らに固有の使命を責任と寛大さをもって務めることで聖性をはぐくむようにと求められています。

27　果たして聖霊は、使命をやり遂げよと命じる一方で、心を乱さぬようにその場から逃げよとか、完全に与え尽くすことはやめよなどと求めるでしょうか。それなのにわたしたちは、司牧の仕事やこの世での責務を、それが聖化や心の平安を求める途上での「気を散らすもの」でもあるかのように、追いやろうとする誘惑に陥ることも少なくありません。「人生に使命があるのではなく、人生が使命である」[27]ことを忘れてはなりません。

28　いうまでもなく、不安やうぬぼれから、また目立とうとして、あるいは支配欲に駆られてしたことは、聖性へと導くものにはならないでしょう。福音的意義を有し、わたしたちをイエス・キリストとよりいっそう一体とさせる、そうした尽力のしかたで自らの献身を生きることが課題なのです。だから、たとえばカテキスタの霊性、教区司祭の霊性、労働者の霊性などといったことが、よく話題となるのです。同じ理由からわたしは、『福音の喜び』は宣教者の霊性を、『ラウダート・シ』はエコロジーの霊性を、『愛のよろこび』は家庭生活の霊性をもって結んだのです。

29　これは、神の前で独り黙して、心を落ち着かせる時間をないがしろにすることではありません。その逆です。テクノロジーによって次々と生み出される新製品、旅行への扇動的な誘《いざな》い、とめどない消費財の提供によって、神の声を聴くための時間や場がなくなってしまうことがあります。どこもかしこも、まくしたてることば、薄っぺらな享楽、喧騒で覆われ、それは加速する一方です。そこに喜びはなく、あるのは、生きる意味が分からずにいる人々の飽くなき欲望です。そうした中にあって、神との正直な対話の場となる自分だけの時間

――痛みを伴うこともありますが、その時間は必ず豊かな実りをもたらします――を取り戻すために、熱に浮かされたその状態を断つ必要があることにどうして気づけるでしょうか。主に来ていただくためには、いずれどこかで本当の自分と向き合わなければなりません。ですが、「過酷な誘惑の深淵に身を置いたことがないかぎり、見放された絶望の際《きわ》に立ったことのないかぎり、孤独の極みに独り取り残されたことがないかぎり」(28)、それは決してできません。それを経てわたしたちは、自身の務めを徹底して生きるようにと駆り立てる、大きな励ましを得るのです。

30　現代の生活を占拠する、あのような気を散漫にする手法が、楽しみや刹那的快楽をもたらす機器を無限に利用できる自由な時間を絶対化することにもつながっています(29)。その結果、自身の使命は傷を受け、自分の負う務めで手を抜き、寛大で協力的な心で行う奉仕を渋るようになります。それが、わたしたちの霊的経験をゆがめてしまうのです。福音的な活動や他者への奉仕を怠けているならば、果たして霊的熱意は健全だといえるでしょうか。

31　わたしたちに必要な聖性の精神は、独りになることも勤労も、内的生活も福音化の任務も、どちらも含まれるもので、それによってすべての瞬間が、主の目には、献身的愛の表現となります。そうして瞬間瞬間は、聖性に向かうわたしたちの歩みの一歩一歩となるのです。

いっそう生き生きと、いっそう人間らしく

32　聖性を恐れてはなりません。聖性は、あなたの力、生活、楽しみを奪いはしません。むしろ、御父があなたを造られたときに思い描かれたものとなり、本当の自分になるのです。御父により頼むことで、わたしたちは奴隷状態から解放され、自分の尊厳を知るようになります。このことは、聖ヨゼフィーナ・バキタに表れています。彼女は「わずか七歳で誘拐されて奴隷として売られ、残酷な主人たちからひどい苦しみを受けました。ですが彼女は、人ではなく神こそが、すべての人間の、すべての人生の主人であるという深い真実を理解するようになりました。その経験があって、このアフリカの身分の低い娘に優れた知恵がもたらされたのです[30]」。

33　それぞれのキリスト者は聖化されればそれだけ、世界にとって実り多き者となるのです。

西アフリカの司教団はわたしたちに教えてくれました。「わたしたちは、新たな福音化の精神で、洗礼を受けたすべての人に自信を与えることを通して、福音化されるように、そして福音化するようにと呼ばれています。置かれたところで、地の塩、世の光として、自らの役割を担えるようになるためです(31)」。

34　神に愛していただき、自由にしていただくために身を任せられるよう、高みを目指すことを恐れてはなりません。聖霊に導かれるがままになることを、恐れてはなりません。聖性は、あなたの弱さと恵みの力の出会いなのですから、あなたから人間らしさを奪いはしません。レオン・ブロワがいったように、つまるところ、人生における「悲しみは一つしかありません。それは聖人でないことです(32)」。

第二章　聖性の狡猾な二つの敵

35 ここでは、わたしたちの道を誤らせうる、聖性の二つの贋作《がんさく》に注意を促したいと思います。それはグノーシス主義とペラギウス主義です。これらはキリスト教誕生後の最初の数世紀に登場した二つの異端で、現在も依然として警戒すべきものです。現代においてもなお、多くのキリスト者の心は、おそらくは無自覚に、こうした欺きの理念に惑わされています。そこにはカトリックの真理を装った、人間中心的な内在主義が表されています。[33] この二つの形態がもつ教理的・規律的確信を見てみましょう。それは「自己陶酔的で権威的なエリート主義を生じさせます。それによって、福音をのべ伝える代わりに他者を分析し格付けし、恵みへと導くことにではなく、人を管理することに力を費やします。どちらの場合も、イエス・キリストに対しても他者に対しても、真の関心を払ってはいません[34]」。

現代のグノーシス主義

36　グノーシス主義は次のようなものと推定されます。「主観主義にとらわれた信仰」で、「特定の経験、一連の論証、知解のみに関心をもっています。それは慰めと光を与えると考えられるものですが、主体は自らの理性と感情の内在に閉ざされたままなのです[35]」。

神なし、肉体なしの理知

37　ありがたいことに教会の歴史では、人間の完成度を量るのはその人のもつ愛徳の程度であり、蓄えた情報や知識の量ではないことは一貫して明々白々であり続けています。「グノーシス主義者」はこの点を誤解しており、特定の教理についての理解力を見て他者を判断します。彼らは、他者の中にあるキリストの傷を負ったからだに触れることのできない、実体を得ることのない理知を心に抱き、観念を集めた百科事典の中で身動きが取れなくなっているのです。神秘なるものを削ぎ落して、ついには「キリストなしの神、教会なしのキリスト、民なしの教会」(36)を選ぶのです。

38　つまり、浅薄なうぬぼれです。考えの浅い部分には多くの動きがあっても、思考の奥では動きがなく揺れることもないのです。それでもグノーシス主義は、まやかしで魅了して一部の人の盲信を得ています。グノーシス主義の姿勢は折り目正しく、一見汚れがないように映り、一定の調和と秩序がすべてに及んでいる様相を呈しうるからです。

39　けれども注意しなければなりません。キリスト教信仰に敵対する合理主義について述べているのではありません。これは教会の中に起こりうることで、小教区の信徒にも、養成所の哲学や神学の教授者にも及びうることなのです。彼らの解説をもってすれば、信仰のすべて、福音のすべてを完全に理解することができると思い込むのが、グノーシス主義者の特徴でもあるからです。自分たちの理論を絶対化し、自分たちの用いる理屈を他者に押しつけるのです。福音に関する神学や倫理の教えを考察するうえで、理性を健全かつ謙虚に用いるということはあります。それと、すべてを掌握しようとして、イエスの教えを冷たく血の通わ

ない論理に貶《おとし》めようとするのは別のことです。(37)

神秘を欠いた教義

40　グノーシス主義は、知識や特定の経験を不当に賞揚すると同時に、己の現実認識には非の打ちどころがないと考えている点で、きわめて悪質なイデオロギーの一つです。そのためおそらくは無自覚に、このイデオロギーは、自己増幅して分別のなさに拍車がかかるのです。自らを肉なるものを脱した霊性と偽り、いっそう欺瞞的になることもあります。グノーシス主義は「その本質ゆえに、神秘を」、神とその恵みの神秘も、そして他者のいのちという神秘も、どちらも「配下に置こうとしているのです(38)」。

41　どんな問いにも答えをもつような者がいたとすれば、それは健全ではない道にいることを示しているのであって、自身の心理と知性の苦心の作を裏づけるために自己の益として宗教を利用する、偽りの預言者の可能性があります。神は、わたしたちをはるかに超越したかたで、いつだって驚きを与える存在です。出会いの時と場所の決定権はわたしたちにはなく、人生のどんなときに神と出会うかを決めるのは、わたしたちではありません。すべてを明快かつ確実にしたいと望む者は、神の超越性よりも優位に立とうとしているのです。

42　神はすべての人の生活の中に神秘的に、それぞれの人ごとに神ご自身が望まれたしかたで存在しておられるので、わたしたちはどこが神が不在の場であるかを決めつけることも、推測にすぎない確信で神を否認することもできません。生活はぼろぼろで、悪行や依存症でずたずたに見えたとしても、その人の生活の中に神はおられます。自分の思惑ではなく聖霊の導きに身をゆだねられるなら、わたしたちはすべての人の生活の中におられる主を探すことができ、またそうすべきなのです。ここに、制御できないがためにグノーシス的精神性が受け入れようとしない、神秘があるのです。

理性の制限

43　わたしたちは、主から与えられる真理をほんのわずか理解できるようになれるだけです。さらにそれを説明しようとするのは、なおさら難儀なことです。ですから自分たちの捉え方をもって、他者の生活を厳しい監督下に置くもくろみは許されません。教会では教理やキリスト者の生活について多様な解釈のしかたが合法的に共存していること、その多様性は「みことばの豊かな宝を明確にするために役立つ」のだということを、思い起こしたいと思います。確かに、「寸分の違いもなく皆が守る教理の一枚岩を夢見る人にとっては、これは不完全な分散のように思われるかもしれません[39]」。いかにも、現代のグノーシス主義者の一部は、非常に具体的で平易になった福音をさげすみ、三位にして受肉された神を、わたしたちの歴史の豊かな多様性を消し去って単一なるものに置き換えようとしています。

44 事実、教理、さらにいえばそれについてのわたしたちの理解や解釈は、「疑問や、疑念や、問いを生み出すダイナミズムのない、硬直した体系ではありません」。そして、「わたしたち民の問い、彼らの苦悩、奮闘、夢、苦労、不安には解釈学的価値があり、わたしたちが受肉の原理を真剣に受け止めようとするならば、それらを無下《むげ》にはできないはずです。彼らの問いはわたしたちが問うための助けとなり、彼らの疑問はわたしたちへの問いなのです[40]」。

45 危険な勘違いが生じることは少なくありません。それは、何かを知っているとか、定められた論理でそれを説明することができるという理由から、自分はもう聖なる者で、完璧で、「無知な大衆」より優れていると信じ込むことです。教会内にいる、高い教育を受けることのできる人々に対して聖ヨハネ・パウロ二世が警告した誘惑は、「他の信者よりも優れているという感覚[41]」を抱くことです。実際「神学と聖性は分かつことのできない対のものです。皆さんは生きるために学ぶ[42]」のですから、知っていると思っている内容は必ず、神の愛によりよくこたえるためのきっかけになるはずなのです。

46　アッシジの聖フランシスコは、自分の弟子の一部が教理を教えているのを知って、グノーシス主義に陥る誘惑を避けようとしました。そしてパドヴァの聖アントニオに次のように書き送ります。「あなたが兄弟たちに聖なる神学を教えるのは、会則にあるとおり、この勉学中に、祈りと献身の霊を消すことのないかぎり、わたしにとって喜ばしいことです[43]」。彼は、キリスト教の経験を、福音の新鮮さからわたしたちを遠ざけてしまうような一連の知的行為に替えてしまう誘惑に気づいていたのです。また聖ボナヴェントゥラは、キリスト教のまことの知恵を、隣人へのあわれみから切り離してはならないと忠告しました。「自分のものを、まさしく分配のためにと受けたものを実り豊かに分配することから最上の知恵は始まる。……それゆえ、いつくしみが知恵の友であるように、強欲は知恵の敵である[44]」。「そこには、観想に結ばれ、それを阻害せずむしろ助ける、いつくしみのわざや信心業のような行為がある」[45]。

現代のペラギウス主義

47　グノーシス主義は、今日なお存在しているもう一つの古い異端を生みます。時が経つと多くの人は、自分たちをよりよくする、聖なる者にするのは、知識ではなく、どのような生活を送るかなのだと気づき始めます。問題は、そのことが微妙にゆがめられたことです。その結果、グノーシス主義と同じ過ちは、ただ姿を変えただけで克服されなかったのです。

48　グノーシス主義者が知解に帰したその力を、人間の意志に、個人の努力に帰するようになる人々が出てきます。こうして、ペラギウス主義者とペラギウス主義にかぶれた一派が登場しました。神秘と恵みの場を支配するのは今や知ではなく、意志となったのです。すべては「人の意志や努力ではなく、神のあわれみによるもの」（ローマ9・16）であり、「神がまずわたしたちを愛してくださった」（一ヨハネ4・19）ことを忘れたのです。

謙虚さを欠いた意志

49　このペラギウス主義の、あるいはペラギウスかぶれの精神性に乗っかる人は、たとえ神の恵みについて柔らかな教えで語っているとしても、「カトリックのある種の様式にかたくなに忠実であることで、他者よりも自己の力と感情にのみ信を置いているのです[46]」。彼らの中には、すべては神の恵みによって行われうるのだといって弱さを語りながらも、結局のところ内心では、自分たちは曲がりなりにも清く、完璧で、全能であり、そこに恵みが付加されるとでもいうかのように、何ごとも人間の意志によって行うことができるとの見解を示そうとする人もいます。「すべてのことを行う力は人間にはない[47]」ということ、この生涯では恵みによっても人間の意志の弱さは完全かつ決定的には克服されないのだということに気づこうとしません。聖アウグスティヌスが教えたように、いかなる場合も神は、あなたができることを行い、あなたができないことは願い求め[49]、そしてご自分に謙虚に祈るよう命じておられます。「あなたが命じるものを与えてください。あなたが欲することを命じてください[50]」。

50　つまるところ、わたしたちには限界があるということを、真摯に、苦渋と祈りをもって認めないのであれば、恵みはわたしたちの中でうまく働きません。そこには、成長への誠実で真の道を補完する、最善を尽くすということへと気持ちを向かわせる余地がないからです[51]。恵みは、わたしたちの自然本性を前提にしているというまさにその理由から、わたしたちを一挙に超人にすることはありません。それを期待することは、いかにも自信過剰というものです。そうなると、自らの正統性の陰で、わたしたちの姿勢は恵みの必要性について自分が主張していることと一致しなくなり、実際、恵みにほとんど信を置かなくなってしまいます。自分たちの具体的な限界をもった現実を認めないかぎり、神の恵みに力を得てそれに魅了されたとしても、神がつねにわたしたちに求めておられる現実的で可能な歩みが見えません。恵みは歴史の中で作用し、普通漸進《ぜんしん》的に、わたしたちを捉え、変えていきます[52]。ですからこの歴史的で漸進的な歩みを否定すれば、たとえ口ではほめそやしながらも実際は、恵みを否定し妨げていることになるかもしれないのです。

51　神はアブラハムに語るとき、こういわれます。「わたしは全能の神である。あなたはわたしに従って歩み、全《まった》き者となりなさい」(創世記17・1)。望まれたとおりに全き者となるには、神の栄光に包まれ、神の前で謙遜に生きなければなりません。わたしたちの生活における神の絶えざる愛を認めつつ、神と結ばれて歩まなければなりません。わたしたちにとって善でしかないこの存在を恐れるのは、やめなければなりません。このかたは、わたしたちにいのちを与え、これほどまでにわたしたちを愛してくださる御父です。ひとたびそれを認め、そのかたなしの自分について考えるのをやめれば、孤独の苦悩は消え去ります（詩編138・7参照）。もはや神の前から離れることなく、そのそばで生きようとするならば、正しい道を歩んでいるかを見ていただくために、神に自分の心を点検してほしくなるでしょう（詩編139・23―24参照）。こうしてわたしたちは、喜ばしく、また完全なものである主の願いを深く知り（ローマ12・1―2参照）、陶工としての主に自分を形づくっていただくのです（イザヤ29・16参照）。神がわたしたちのうちに住まわれるという言い方をよくしますが、わたしたちが神のうちに住まうというほうが正確です。ご自分の光と愛のうちにわたしたちを住まわせてくださるのです。神はわたしたちの神殿です。願うことはただ、いのちのあるかぎり主の家に住まうことだけです（詩編27・4参照）。「あなたの庭で過ごす一日は千日に勝る恵みです」（詩編84・11）。主のうちにあって、わたしたちは聖なるものとされるのです。

看過されがちな教会の教え

52　わたしたちは自身の働きや努力によってではなく、先に動いてくださる主の恵みによって義とされるということを、教会は繰り返し教えてきました。教父たちは、聖アウグスティヌス以前にも、基礎となるこの確信を明確に示しています。聖ヨハネ・クリゾストモは、神はわたしたちが闘いに入る前に、あらゆるたまものがわき出るまさしくその泉を与えてくださるといいました。[53] 聖大バジリオが指摘したのは、「真の正義は自分たちにはなく、キリストへの信仰によってのみ義とされることを知っている」[54]ので、信者は神においてのみ栄光を受けるということです。

53 第二オランジュ教会会議は、人間は神の恵みのたまものを、要求したり、報いとして得たり、買い入れることはできないということ、そして恵みをもって協力しうることはどれも、すでに与えられているそれと同じ恵みのたまものだということを、確固たる権威をもって教えました。「実に、清められたいと望むのは聖霊の注入とその働きによるものである」[55]。その後トリエント公会議は、霊的成長のためにはわたしたちの協力が重要であることを強調しつつ、次の教義的教えをあらためて確認しました。「無償で義とされるというわけは、義認に先立つ何ものも、信仰も、行為も、義認の恩恵に値しないからである。なぜなら、「もしそれが恵みによるとすれば、行いによるものではない。もしそうでなければ、恵みはもはや恵みではなくなる」（ローマ11・6）からである[56]」。

54　『カトリック教会のカテキズム』もまた、恵みのたまものは「人間の知性や意志の力……を超えた[57]」ものであり、「厳密な意味では、神の前では人間にはいさおしというものはありえない[58]」ことを思い出させてくれます。神の友愛はわたしたちをはるかに超えたもので、わたしたちが自分の行為でもってそれを買い取ることはできず、それはただ神の先んじる愛のたまものであるだけです。「すでにある人が恩寵を授けられた後においては、すでに有する恩寵が功徳の下に含まれることは不可能である[59]」からです。聖なる人たちは自分の行いに信を置くのを避けています。「いのちの夕べに、わたしは、空《から》の手で主のみ前に立つことでしょう。……主の御目から見れば、わたしたちのすべての正義もなお汚れたものです[60]」。

55　これは、教会によって決定的に獲得された重要な信念の一つであり、議論の余地などなく、神のことばに明確に表されていることです。最上のおきてである愛と同様に、この真理はわたしたちの生き方に刻まれるべきものです。それは福音の核心から得られたものであり、わたしたちはそれを知的に理解するだけでなく、感染する喜びへと変えていくよう呼ばれているからです。ですが、地上の生涯や本性的能力ですらたまものであるということが分からなければ、主との友情という無償のたまものを、感謝の思いで喜び祝うことができません。必要なのは、「わたしたちの現実は与えられたものであり、この自由でさえも恵みとして受け取ったものだということを、歓喜のうちに認めることです。それは今日の、自分のものは自力で獲得するとか、自らの発意と自由意志の結果だと思い込む世界では難しいことです[61]」。

56　押しつけられたのではなく、謹んでもらい受けた神のたまものによって初めてわたしたちは、さらに自分を変えるための自らの努力をもって協同できるのです[62]。それは第一に、神に結ばれることです。神に自身を差し出すこと、自分の能力、努力、悪との闘い、創造力を神にささげることで、そうした無償で与えられたたまものがわたしたちの中で大きく成長するようになることが重要なのです。「こういうわけで、兄弟たち、神のあわれみによってあなたがたに勧めます。自分のからだを神に喜ばれる聖なる生けるいけにえとしてささげなさい」（ローマ12・1）。それればかりか教会は終始、愛のわざだけが、恵みの生活を成長させるものであると教えてきました。「愛がなければ、無に等しい」（一コリント13・2）からです。

新ペラギウス主義

57　なおも、次のような別の道に固執するキリスト者がいます。自力での義認を目指す道、人間の意志と能力を礼賛する道です。それは、真の愛を失った自己中心的でエリート主義のうぬぼれに変化します。それは一見無関係に見えるさまざまな態度に表れています。法規にしつこく目を光らせ、社会的・政治的な業績をひけらかすことに夢中になり、典礼、教理、教会の威信にうるさく、実利的なことがらの管理に当たっているという虚栄、自己啓発的で自己満足の行動に酔いしれるといった態度です。一部のキリスト者は、聖霊によって愛の道に導かれるように身を任せたり、福音の美と喜びを伝えるのに情熱を傾けたり、キリストに渇くおびただしい群れの中で見失われた者を探そうとすることよりも、もっているエネルギーと時間をそうしたことに注いでいます(63)。

58　聖霊の促しに反して、教会生活が美術館に収められる作品や、稀少品のようになることも少なくありません。そうなるのは、一部のキリスト者の集団が、特定の規範、慣例、やり方の遵守を過剰に重視するときです。そうなると福音は狭められ、締めつけられ、その魅力的な単純さとその味が奪われてしまいます。これは大方、ペラギウス主義の潜行形です。恵みのいのちを人間的な枠組みに収めようとしていると思えるからです。こうしたことは、グループ、運動、共同体に影響しており、それらが霊性のある内的生活から始まっても、その多くが化石化する、あるいはだめになってしまう理由を示しています。

59　すべては教会の法規や構造によって道筋をつけられた人間の努力いかんなのだと無自覚に考えることで、わたしたちは福音を複雑にし、恵みが働くのはごくわずかな人にだけだという考えに支配されるようになります。聖トマス・アクィナスが気づかせてくれたのは、福音に追加的に教会が定めたおきては、「信者たちの行動に重荷が負わされないよう」節度を守るべきであるということです。というのも、それによって「われわれの宗教そのものを、重荷の下に置いて(64)」しまいかねないからです。

おきての要約

60　それを避けるためには、諸徳には序列があること、そのことがわたしたちに本質的なものを求めさせるということを、つねに念頭に置くとよいでしょう。首位なるものは対神徳で、それは神を目的と動機としています。そして核には愛があります。聖パウロは、本当に大切なのは「愛の実践を伴う信仰」（ガラテヤ5・6）だといっています。わたしたちは愛のために精一杯心を砕くよう呼ばれています。「人を愛する者は、律法を全《まっと》うしているのです。……だから、愛は律法を全うするものです」（ローマ13・8、10）。「律法全体は、『隣人を自分のように愛しなさい』という一句によって全うされるからです」（ガラテヤ5・14）。

61　言い換えれば、法と規律の深い森のただ中で、御父の顔と兄弟の顔の二つに気づけるようにと、イエスは光が届くようになるための空間を作ってくださいます。イエスはわたしたちに二つの方法、さらにいえば二つのおきてを与えているのではありません。二つの顔を、いえ、多くの人に映される神の顔という一つの顔を示しておられます。なぜなら、すべての兄弟、なかでも、もっとも低くされている人、弱い人、寄るべのない人、困窮している人の中に、まさに神の姿があるからです。実に主は、終わりの日、この弱々しい人間たちの中の役に立たないとされている者たちを用いて、ご自分の至高の作品を形づくられるのでしょう。では「残り続けるもの、人生において価値あるもの、消えることのない富とは何でしょうか。まぎれもなくそれは、主と隣人です。この二つの富は消え去ることはありません(65)」。

62　主よ、教会を混乱させ、聖性に向けての歩みを止めさせるこれら新しいグノーシス主義やペラギウス主義から、教会を解き放ってください。こうした偏向は、個人の気質や性格によって、さまざまなかたちで表れます。ですから皆さんに勧めます。自身の生活にそうしたものが表れていないか、神の前で自らに問い、識別してください。

第三章　師なるかたに照らされて

63　聖性とはいかなるものかについては、多くの理論が、山ほどの解説と定義があるでしょう。そうした考察は有益かもしれませんが、イエスのみことばに立ち帰り、真理を伝えるイエスのやり方を取り入れること以上に照らしを与えるものはありません。イエスは、わたしたちに真福八端を与えることで、聖人とはいかなるものかを実に簡潔に説明なさいました（マタイ5・3―12、ルカ6・20―23参照）。真福八端はキリスト者の身分証のようなものです。ですから、だれかから「よいキリスト者になるにはどうすればよいか」と尋ねられたならば、答えるのは簡単です。すなわち、必要なのは、各人がおのおののしかたで、イエスが山上の説教で話されたことを行動に移すということです。(66) 真福八端には師の顔が描かれており、わたしたちはそれを、日々の生活の中で透けて見えるようにしなさいと呼ばれているのです。

64 「幸」や「福」という語は「聖」の同義語になります。神に忠実でそのことばを生きる者は、自身をささげることで真の幸福を手にすることを、その語は表しているからです。

時流に抗う

65 イエスのことばは詩的に感じられるでしょうが、当たり前に世の中で行われていることには明らかに逆行したものですので、そのメッセージに魅了されていたとしても、現実には、わたしたちは世間によって別の生き方へと流されます。真福八端は決して重く受け止めなくてもよいものではありません。まったくその逆で、聖霊がその力のすべてでわたしたちを満たし、自己中心、安穏、虚栄といった弱さから自由にしてくださることでようやく、わたしたちはこれを生きることができるのです。

66　今一度イエスに、師が受けるにふさわしい愛と敬意のすべてをもって聞きましょう。イエスにそのことばで、本当に自分の生き方を変えるために、衝撃を与えてもらい、迫ってもらい、問い詰めてもらいましょう。そうでなければ、聖性はただのことばになってしまいます。ここで、マタイによる福音書における真福八端を一つ一つ振り返ってみましょう（5・3―12参照）(67)。

「心の貧しい人々は、幸いである、天の国はその人たちのものである」

67　福音は、わたしたちが自分の人生の確かさをどこに置いているのかを確認するために、真の思いを自覚することを求めています。普通、裕福な人はその富に確かさを置いていて、それが脅かされればこの世での生活は万事休すだと思っています。そのことはイエスご自身が、愚かな金持ちのたとえ――まさにその日に死ぬとは思っておらず、愚かにも安心しきっているあの男のたとえ――でわたしたちに伝えておられます（ルカ12・16―21参照）。

68　富は何の保証でもありません。それどころか、自分は富者だという思いを抱けばそれで満足してしまい、神のことばや、兄弟愛、人生における大切なことのための時間や場所がなくなってしまいます。そうして最上のものを手放してしまいます。だからイエスは、神がつねに新しさを携えて入ることのできる、貧しさを心にもつ人である心の貧しい人を幸せと呼んだのです。

69　この心の貧しさは、聖イグナツィオ・デ・ロヨラが「聖なる不偏心」と呼んだもの――わたしたちが輝ける内的解放へと至るところ――と密接に結びついています。「わたしたちの自由意志による選びにゆだねられ、禁じられていないものであるならば、すべての被造物に対して偏らない心をもたなければならない。すなわち、わたしたちのほうで、病気よりも健康を、貧しさよりも富を、不名誉よりも名誉を、短命よりも長寿を望むようなことはせず、その他どのようなことに対しても偏った望みに左右されてはならない」(68)。

70　ルカは「心の」貧しさといわず、単に「貧しい」人々とだけいいます（ルカ6・20参照）。そうして同じように質素で足るを知る生活を勧めています。そう語ることでルカは、もっとも困窮した人々の生活をともに担うようわたしたちに呼びかけます。それは、使徒たちが送った生活で、つまりは、「豊かであったのに、……貧しくなられた」（二コリント8・9）かた、イエスに形づくられる生活です。

――貧しさを心にもつこと、それが聖であるということです。

「柔和な人々は、幸いである、その人たちは地を受け継ぐ」

71　至るところに争いがあり、どこもかしこも憎悪だらけで、考え方、風習、さらには話し方や服装でもって他者をランクづけすることをやめない、始まりからずっと反目の場であるこの世界にあって、これは衝撃的なことばです。結局世界は、他者よりも上になることは権利だとだれもが信じている高慢と虚栄の国です。けれども、不可能に思われたとしても、それでもイエスは、別の生き方を示します。柔和です。それはご自分の弟子たちに対して実践されたことであり、エルサレム入城によって見えてくるものです。「見よ、お前の王がお前のところにおいでになる、柔和なかたで、ろばに乗って」（マタイ21・5。ゼカリヤ9・9参照）。

72　そのかたはいわれます。「わたしは柔和で謙遜な者だから、……わたしに学びなさい。そうすれば、あなたがたは安らぎを得られる」（マタイ11・29）。他者に対してピリピリして、イライラと尊大でいれば、しまいにはへとへとに疲れ切ってしまうでしょう。けれども他者の限界や欠点を、自分のほうがまともだという思いを抱くことなく、優しく柔和な心で受け止めるなら、彼らに手を差し伸べることができ、無益な不平不満にエネルギーを使わなくなるでしょう。リジューの聖テレジアにとっては、「真の愛徳は、他人の欠点を忍耐し、彼らの弱さを驚かず(69)」にいるということです。

73　パウロは、聖霊の結ぶ実として柔和を取り上げています（ガラテヤ5・23参照）。兄弟や姉妹が何かの罪に陥ったなら、その人を正しい道に立ち帰らせるよう、しかも「柔和な心で」（ガラテヤ6・1）そうすることを、そして「あなた自身も誘惑されないように、自分に気をつけなさい」（同）との自戒を勧めています。信仰や信念を弁明するときでも、穏やかに行わなければなりません（一ペトロ3・16参照）。そして敵対者にも、優しく接しなければなりません（二テモテ2・25参照）。神のことばのこの要求を守れずに、教会にあってどれほど過ちを重ねてきたことでしょうか。

74　柔和さは、神だけに信を置く者が内面において貧であることのもう一つの表現です。事実聖書ではしばしば、anawimという同一の語が、貧しい人と柔和な人を指すのに用いられています。こう反論する人もいるかもしれません。「あまりに物腰柔らかでいたら、人から頭が弱いとか、お人好しの馬鹿とか、気が弱いとか思われてしまう」。そういうこともあるでしょうが、それならそれで、その人にはそう思わせておきましょう。優しく接することはつねによいことで、それによってわたしたちの大きな望みはかなうはずです。柔和な人は「地を継ぐ」、すなわち、彼らはその生涯の中で神の約束が果たされるのを目にするのです。柔和な人は、いかなる状況にあろうとも、神に希望し、主に希望を置く者は地を継ぎ、揺るぎない平和を得るからです（詩編37・9、11参照）。主もまた、そうした者に信頼を寄せます。「わたしが顧みるのは、苦しむ人、霊の砕かれた人、わたしのことばにおののく人」（イザヤ66・2）。

――謙虚に柔和に応じること、それが聖であるということです。

「悲しむ人々は、幸いである、その人たちは慰められる」

75　世の中は正反対のものを提案しています。楽しいこと、面白いこと、愉快なこと、気晴らし、娯楽。それが人生をよくしてくれる、この世はそういいます。この世的な人は、家族や知り合いが病気や傷に苦しむのを見ないように目をそらします。この世は涙を流す気はありません。だから痛ましい状態に目を向けず、ふたをして、隠したがります。現実は覆い隠せると考え、苦しみのある状況から逃れようとして多大なエネルギーを費やします。ですが、現実から十字架がなくなることは、決して、決してありません。

76 物事をあるがままに見て、痛みや悲しみを自分のことのように受け止め、心から涙を流す人は、人生の深さに触れ、真の喜びを得ることができます(70)。その人は慰められます。しかも、その慰めはイエスによるものであって、この世からのものではありません。だから迷わずに苦しむ人とともに苦しみ、痛ましい場面から逃げ出しはしません。その人は苦しむ人を助け、悩みを思いやり、気持ちを楽にしてあげることで、意義ある人生を見いだします。他者のことを自分自身のことのように思い、その傷に触れるまで近づくことを恐れず、隔たりが感じられなくなるまでに心を重ねるのです。そのようであれば、聖パウロの勧めを心から受け止めることができます。「泣く人とともに泣きなさい」(ローマ12・15)。

――人とともに涙が流せること、それが聖であるということです。

「義に飢え渇く人々は、幸いである、その人たちは満たされる」

77　「飢え渇く」――これは生きるための必要に応じる、生存本能にかかわるものであるため、切実な経験です。それと同じくらい真剣に正義を希求し、強く願い求める人たちがいます。イエスは、彼らは満たされるといわれます。いつかは正義が実現するからです。わたしたちは、その努力の報いをつねに目にするとはかぎりませんが、それでもその実現に協力することができるのです。

78　しかしながらイエスの示す正義は、さまざまな立場から操られ、さもしい関心で汚されてばかりの、この世が求める正義とは同じではありません。現実が示すのは、万事が取引である、「これをする代わりに、あれをしてもらう」といった日常的駆け引きに組み込まれて、やすやすと腐敗の仲間に加わっていくさまです。どれほどの人が不公正に苦しみ、どれだけの人がほかの人がおいしい分け前を手にするのを、ただ指をくわえて見ているだけでしょうか。真の正義のために闘うことをあきらめて、勝ち馬に乗ることを選ぶ人もいます。それは、イエスがたたえる正義への飢えと渇きとは程遠いものです。

79　まことの正義とは、決断において公正さがあれば、各人の生活の中で実現し始めるものであり、つまり、貧しい人や弱者のための正義の追求に表れるものです。「義」という語は、生活のすべてで神のみ旨に忠実であることと同義になりうるのは事実ですが、その語にあまりに大まかな意味でそのことを当てはめてしまうと、もっとも弱い立場に置かれた人への道義においてこそ、それが表されるということを忘れてしまいます。「善を行うことを学び、裁きをどこまでも実行して、搾取する者を懲らし、孤児の権利を守り、やもめの訴えを弁護せよ」（イザヤ1・17）。

――飢えと渇きをもって正義を求める、それが聖であるということです。

「あわれみ深い人々は、幸いである、その人たちはあわれみを受ける」

80　あわれみには二つの面があります。あわれみは、他者に与え、他者を助け、他者に仕えることですが、それだけではなく、ゆるし、理解することでもあります。マタイはこれを、一つの黄金律に要約しています。「人にしてもらいたいと思うことは何でも、あなたがたも人にしなさい」（7・12）。カテキズムはこの規範が「あらゆる場合に[71]」当てはまることを思い出させてくれます。「時として、倫理的判断が不確かなものとなり、決定を下すのが困難な状況に立たされる[72]」ような場合は、なおさらそれを当てはめるべきです。

81　与えることとゆるすことは、あり余るほど与えゆるしてくださる神の完全を、わたしたちの暮らしの中にわずかばかりでも映し出し、再現しようと試みることです。そのためルカ福音書で目にするのは「完全なものとなりなさい」（マタイ5・48）ではなく、「あなたがたの父があわれみ深いように、あなたがたもあわれみ深い者となりなさい。人を裁くな。そうすれば、あなたがたも裁かれることがない。人を罪人だと決めるな。そうすれば、あなたがたも罪人だと決められることがない。ゆるしなさい。そうすれば、あなたがたもゆるされる。与えなさい。そうすれば、あなたがたにも与えられる」（ルカ6・36―38）なのです。さらにルカは、わたしたちが見過ごすことのできないものを加えます。「あなたがたは自分の量るはかりで量り返される」（6・38）。わたしたちが他者に対して、理解とゆるしのために用いる物差しが、わたしたちが受けるゆるしを量るのにあてがわれるのです。わたしたちが与える際に使うはかりが、自分が天の国で報いを得る際に用いられるのです。決してそれを忘れるべきではありません。

82　イエスは「報復を企てる人は幸いである」とはいわずに、ゆるす人を、しかも「七の七十倍までも」（マタイ18・22）ゆるす人を幸いと呼ばれます。わたしたちは皆、ゆるされた部隊だと自認する必要があります。わたしたちはだれもが、神のあわれみによって見つめられているのです。わたしたちが正直な心で神に向き合い、耳を澄ますならば、主からこう叱られることもあるでしょう。「わたしがお前をあわれんでやったように、お前も自分の仲間をあわれんでやるべきではなかったか」（マタイ18・33）。

――思いやりの心で目を向け行動すること、それが聖であるということです。

「心の清い人々は、幸いである、その人たちは神を見る」

83　この幸いは、素朴な、純粋で汚れのない心をもつ人のことです。愛のある心は、その愛を害するもの、愛を弱らせ、危険にさらすものを心に入れないからです。聖書では、わたしたちの真の思い、表面的な望みを超えて実際に求めているもの、願っているものを指して、心といいます。「人は目に映ることを見るが、主は心によって見る」（サムエル上16・7）。神はわたしたちの心に語りかけようとしておられ（ホセア2・16参照）、そこにご自分の律法を記そうと望まれます（エレミヤ31・33参照）。つまり主は、わたしたちに新しい心を与えようと望んでおられるのです（エゼキエル36・26参照）。

84　「何を守るよりも、自分の心を守れ」（箴言4・23）。偽りによる汚れがないことは、主にとってとても価値あることです。主は「偽りを避け、愚かな考えからは遠ざかり」（知恵1・5）ます。「隠れたことを見ておられる」（マタイ6・6）御父は、外側や見えている部分だけでなく、曇りのあるもの、つまり偽りのあるものを、御子が「何が人間の心の中にあるかを」（ヨハネ2・25）ご存じなのと同じように知っておられます。

85　愛のわざを欠く愛などないことは確かですが、この幸いが気づかせてくれるのは、主はわたしたちに心からわき出る兄弟姉妹への献身を期待しておられるということです。「全財産を貧しい人々のために使い尽くそうとも、誇ろうとしてわが身を死に引き渡そうとも、愛がなければ、わたしに何の益もない」（一コリント13・3）からです。マタイによる福音書でも、心の中から出てくるものが人間を汚すことが分かります（15・18参照）。殺人、盗み、偽証などは心から発露するものだからです（同15・19参照）。心で思っていることが願望や決断になり、それが実際の行動を決定づけるのです。

86　心が神と隣人を愛するならば（マタイ22・36―40参照）、口先だけでなく本当にその思いがあるならば、その心は澄み、神を見ることができます。聖パウロは愛の賛歌の中で、「わたしたちは、今は、鏡におぼろに映ったものを見ている」（一コリント13・12）ものの、真に愛が支配しているならば、「顔と顔とを合わせて」（同）見ることができるようになることを思い出させてくれます。イエスは、心の清い人は「神を見る」と約束してくださいました。

――愛を曇らせるもののいっさいない真っ更な心を保つ、それが聖であるということです。

「平和を実現する人々は、幸いである、その人たちは神の子と呼ばれる」

87　この幸いが考えさせるのは、繰り返される数多くの戦争の事態です。わたしたち自身が衝突や、少なくとも不和のきっかけとなることは珍しくありません。たとえば、ある人についてだれかから聞いたことをほかの人に話すとき、しかもそれに尾ひれをつけて広めるようなときです。さらに、うわさの内容がひどいものになればなるほど、満足した気持ちになるような場合です。あら探しをしたり、こき下ろしたりする人たちが作るうわさ話の社会が、平和を築くことはありません。そうした人たちはむしろ平和の敵で、幸いとは懸け離れています[73]。

88　和を重んじる人から平和が始まります。その人は社会に平和と友情を築きます。いかなる場所でも懸命に平和の種を蒔《ま》く人にイエスは、「その人たちは神の子と呼ばれる」（マタイ5・9）というすばらしい約束をなさいます。弟子たちには、どこかの家に行ったなら「この家に平和があるように」（ルカ10・5）というよう命じています。神のことばはすべての信者に対して、人々とともに平和を追い求めるよう勧告しています（二テモテ2・22参照）。「義の実は、平和を実現する人たちによって、平和のうちに蒔かれる」（ヤコブ3・18）からです。わたしたちの共同体で、なすべきことに迷いが生じた場合には、「平和……に役立つことを追い求めようではありませんか」（ローマ14・19）。一致は不和に勝るからです[74]。

89　だれのことをも除《の》け者にせず、一風変わった人も、厄介で面倒な人も、要求の多い人も、自分たちとは違う人も、人生に打ちのめされている人も、自分と異なる関心をもつ人も受け入れる——福音の教えるこうした平和を築くことは簡単ではありません。骨の折れることで、頭と心をぐっと広げることが求められます。それは「机上の合意や、少数の幸福な者のためのはかない平和[75]」でも、「少数の人による少数の人のための[76]」計画でもないからです。争いに目をつぶったり、そらそうとすることでもありません。そうではなく「対立に耐えてそれを解決し、新しい道のりの連なりへと、それを変貌させる[77]」試みです。問われているのは平和の職人となることです。平和を築くということは、冷静さ、創造性、感受性、よい腕が必要な手仕事だからです。

——周囲に平和の種を蒔くこと、それが聖であるということです。

「義のために迫害される人々は、幸いである、天の国はその人たちのものである」

90　まさにイエスご自身が、この道は時流に逆行していて、わたしたちを生き方で社会に異議を唱える人、煩わしい存在にまでしてしまうほどであると強調しています。いかに多くの人が、ただ正義のために闘ったがために、神と他者に対する己の責任を果たしたがために迫害を受けたか、そして今なお迫害されているかを、イエスによって気づかされます。中途半端な凡庸さへと埋没したくないのであれば、快適な生活を求めることはできません。「自分のいのちを救いたいと思う者は、それを失う」（マタイ16・25）からです。

91　福音を生きるうえで、すべてがうまくいくとの期待はできません。権力欲や世俗的な利害関心がわたしたちに影響するからです。聖ヨハネ・パウロ二世はいいました。「ある社会において、その社会組織、生産と消費が、そのような自己贈与と人々の連帯の樹立を困難にするなら、そのときこの社会は疎外されています[78]」。このような人間疎外の社会にあっては、政治、マスメディア、経済、文化、さらには宗教による、人間と社会の真の発展を妨げる筋立ての罠《わな》にはまり、真福八端を生きることが難しくなり、さらには反感を買い、いぶかしく思われ、嘲笑までも浴びせられます。

92　とりわけ、愛のおきてや正義の道を生きるうえで耐えている重荷や苦悩という十字架は、成熟と聖化の源です。新約聖書が、福音のために耐えなければならない苦しみについて語る際、それはまさしく迫害を指しているということを忘れないでください（使徒言行録5・41、フィリピ1・29、コロサイ1・24、二テモテ1・12、一ペトロ2・20、4・14―16、黙示録2・10参照）。

93　しかしながらここでいっているのは不可避の迫害についてであり、だれかに間違ったことをして自ら引き起こしたたぐいのことについてではありません。聖人とは、自分の虚栄心や否定的な考えや恨みを許容しないような、極端な人、遠い存在ではありません。イエスの使徒はそういう人たちではありませんでした。使徒言行録が繰り返し語るのは、一部の権力者が彼らを苦しめ迫害しても（4・1―3、5・17―18参照）、彼らは「民衆全体から」（2・47。4・21、33、5・13参照）好意をもたれていたということです。

94　迫害は、過去の事実に限りません。今日もなおわたしたちはそれ――大勢の現代の殉教者のように血を流すものもあれば、より狡猾な、誹謗中傷や偽りによるものもあります――を苦しんでいるからです。イエスは「わたしのために……あらゆる悪口を浴びせられるとき」（マタイ5・11）、幸いがあるといっておられます。また、わたしたちの信仰をゆがませ、わたしたちがぶざまに見えるようにしようとする嘲笑を受けるときもそうなのです。

――日ごと福音の道を、それに苦しめられることになっても受け入れること、それが聖であるということです。

優れた基準

95　マタイによる福音書25章（31―46節）でイエスは、あわれみ深い人は幸いだと宣言する真福八端の一つをもう一度考えます。神の心にかなう聖性を求めるならば、この箇所が、わたしたちの裁かれる基準をはっきりと教えてくれます。「お前たちは、わたしが飢えていたときに食べさせ、のどが渇いていたときに飲ませ、旅をしていたときに宿を貸し、裸のときに着せ、病気のときに見舞い、牢にいたときに訪ねてくれたからだ」（25・35―36）。

師に忠実に

96　ですから聖人であることは、自称的な恍惚状態の中でうっとりしていることではありません。聖ヨハネ・パウロ二世はいいました。「本当にキリストの観想から再出発したのであれば、ご自分はその人であるといわれた人たちの顔に、彼の姿を見いださなければなりません」(79)。マタイによる福音書25章35―36節のテキストは、「愛への単なる招きではありません。これは、キリストの秘義の上に輝く光の束を投影するキリスト論です」(80)。貧しい人、苦しむ人の中におられるキリストに気づきなさいというこの呼びかけの中に、あらゆる聖人が倣おうとする、キリストのあの心が、そしてそのもっとも深い思いと選びとが表れているのです。

97 イエスのこの強い要求がある以上、キリスト者の皆さんに、これをまっすぐに開いた心で「注釈なしに(sine glossa)」認め、それを引き受けるよう求めることはわたしの責務です。それはすなわち、注釈も考察も加えず、その力を削ぐような弁明は控える、ということです。主は、ご自分のこうした要求から離れては、聖性を理解することも生きることもできないということを明確にしてくださいました。あわれみは「福音の脈打つ心臓」(81)だからです。

98 凍えるような夜に外で寝ている人を見掛けたときに、その人を迷惑、怠け者、通行の邪魔、良心を困らせる目障りなもの、政治家が解決すべき問題、そしてひょっとすると公共の場を汚すごみとさえ見てしまう可能性はあります。あるいは、信仰と愛で接し、この人も自分と同じ尊厳をもつ人間だ、御父から無限に愛された被造物、神の似姿、イエス・キリストによってあがなわれた兄弟姉妹なのだと認めることもできます。そうであってこそキリスト者です。それとも聖性を、すべての人の尊厳についての、こうした肉の伴った認識と切り離して理解することができるのでしょうか(82)。

99　これはキリスト者にとっての、健全かつ永遠の満たされなさを意味しています。一人の人を助けることが精一杯のこととして正当化されたとしても、それで十分なわけではありません。カナダの司教団は、聖年についての聖書の教えは、たとえばそれは、単に何かよいわざをすることだけでなく、社会変革の求めでもあると明確に表明しました。「後の世代もまた解放されるには、公正な社会・経済システムを回復させることを明確な目標とすべきです。二度と排除を起こさないためにです(83)」。

福音の心髄を害するイデオロギー

100　残念なことに、種々のイデオロギーが、時として二つの有害な過ちへとわたしたちを導きます。一つには、福音のこの要求を、主との個人的な関係から、主との内的結びつきから、恵みから切り離してしまうキリスト者による過ちがあります。そうなるとキリスト教は一種のＮＧＯと化し、アッシジの聖フランシスコ、聖ビンセンシオ・ア・パウロ、コルカタの聖テレサ、その他多くの人によってしっかりと生きられ表されたその輝く霊性が奪われてしまいます。彼ら聖人にとっては、祈りも、神の愛も、福音を読むことも、隣人に対する献身の熱意と効果を減じるものではなく、むしろまったく逆のものでした。

101　社会問題にかかわる人のことを、薄っぺらいとか、この世的だとか、宗教的でないとか、内在論者だとか、共産主義者とか、大衆迎合主義者と考えて疑っている人の過ちもまた、有害でイデオロギー的です。その人たちはまた、もっと重要なことがほかにあるかのように、あるいは自分たちが擁護する特定の倫理や理屈が唯一の関心事であるかのように、それを相対化します。たとえば、出生前の無辜の子の擁護は、いうまでもなく、揺るぎなく、熱心に行うべきことです。絶対的に神聖であり、その月齢や年齢とは関係なく一人ひとりへの愛が要求する人間のいのちの尊厳、それが危機にさらされるからです。けれども同等に神聖なのは、すでに生まれ出ている、痛みを負っている人のいのちです。貧困にあえぐ人、見捨てられた人、排除されている人、人身売買の犠牲者、実は安楽死にすぎない無関心に捨て置かれた病者や高齢者、新たな形態の奴隷制や、いかなるかたちであれ排斥の被害に遭う人たちです。[84] 一方に愉快に過ごして次々に生まれる消費に身をやつす人がいて、片やそれを傍《はた》から眺めているだけで、悲惨に人生を送り、終えてしまう人のいる、この世界の不正義を見なかったことにするような聖性理念など、わたしたちには考えられません。

102　相対主義と現代世界の限界を前によく耳にするのは、たとえば移民の境遇などは瑣末《さまつ》な問題だといったことです。一部のカトリック信者は、生命倫理の「深刻な」問題に比べれば二次的なものだと主張しています。そのようなことをいうのが、支持票を気にする政治家であれば納得もいきます。ですがキリスト者はそうであってはなりません。キリスト者にとってふさわしいのは、わが子の将来のためにいのちの危険にさらされている、あの兄弟姉妹の身になって思いやる姿勢だけです。これこそまさしくイエス・キリストが、外国人を受け入れることは、その中におられるご自分を受け入れることだといって（マタイ25・35参照）、わたしたちに求めておられることだと気づかないのでしょうか。聖ベネディクトは迷うことなくそれを取り入れ、修道者の生活を「面倒にする」かもしれなくとも、修道院を訪ねた客人すべてを「キリストとして」[85]受け入れ、厚いもてなしの行為と心をもってそれを表すこと、[86]そして貧しい人や旅の人を「最高の世話と気遣い」[87]をもって迎え入れることを戒律に定めました。

103　同様のことを、旧約聖書は次のように述べて説明しています。「寄留者を虐待したり、圧迫したりしてはならない。あなたたちはエジプトの国で寄留者であったからである」（出エジプト22・20）。「寄留者があなたの土地にともに住んでいるなら、彼を虐げてはならない。あなたたちのもとに寄留する者をあなたたちのうちの土地に生まれた者同様に扱い、自分自身のように愛しなさい。なぜなら、あなたたちもエジプトの国においては寄留者であったからである」（レビ19・33―34）。ですからこれは、一教皇の思いつきや、一過性の熱狂などではありません。現代の文脈においてもわたしたちは、神に喜ばれることを問われた預言者イザヤがわたしたちに示した霊的に啓蒙される道を、生きるよう呼ばれています。「飢えた人にあなたのパンを裂き与え、さまよう貧しい人を家に招き入れ、裸の人に会えば衣を着せかけ、同胞に助けを惜しまないこと。そうすれば、あなたの光は曙《あけぼの》のように射し出でる」（58・7―8）。

もっとも神の心にかなう礼拝

104　わたしたちは、神に栄光を帰すのはただ礼拝と祈りによって、あるいは何がしかの倫理規範を遵守することによってのみだと考えるかもしれません。神とのかかわりが首位であるのは事実ですが、わたしたちの生涯を判断する基準は何よりも、他者に対して何をなしたかであるということを忘れないでください。祈りは、それが日々の愛の献身をかき立てるならば、最高のものとなります。わたしたちの礼拝が神を喜ばせるのは、広い心をもって生きようという意欲をもつとき、また、わたしたちが信じる心で受けた神からのたまものを兄弟姉妹への献身をもって表すときです。

105　同じ理由から、自分の祈り方が真かどうかを識別するもっともよい方法は、いつくしみの光に照らされて、自分の生活がどれほど変えられているかを見ることです。「いつくしみは御父のわざであるだけでなく、御父のまことの子を見分けるための基準にもなる」(88)からです。それは「教会の生命を支える柱[89]」です。次のことをあらためて強調したいと思います。いつくしみは正義と真実を除外していないとしても、それでも「第一にいわねばならないのは、いつくしみとは正義の充満であり、神の真理のもっとも輝かしいかたちでの表出であるということです[90]」。いつくしみは「天国への鍵[91]」なのです。

106　聖トマス・アクィナスが、神への愛を示す最良の行動は何か、どんなわざによってそれが表されるかを考察した、あの問いを思い出さずにはいられません。トマスは迷いなく答えています。それは、礼拝よりも他者に対するいつくしみのわざであると。[92]「われわれが神を外的ないけにえや献げ物によって礼拝するのは、神ご自身のためにではなく、むしろわれわれと隣人たちのためである。というのも、神はわれわれのいけにえを必要とし給うのではなく、むしろそれらがわれわれの信心と隣人たちの福祉のためにささげられることを望み給うのだからである。したがって、それによって他の人々の欠陥が補われるところのあわれみこそ、より直接的に隣人たちの福祉をもたらすものとして、神により嘉《よ》みされるいけにえなのである…る[93]」。

107　自らの生活をもって神に栄光を帰したいと真に願う者、自らの聖化と、それによって自らの存在を聖なるかたに栄光を帰すものにしたいと強く熱く望む者は、いつくしみのわざを生きようとすることに没頭し、献身し、力を使い切るよう求められています。コルカタの聖テレサはこのことをとても深く理解していました。「そうです。わたしには人間的弱さがたくさんありますし、多くの間違いを犯しています。……けれどもあのかたはあなたのもとへ、わたしのもとへ、降りて来てくださり、この世界におけるご自分の愛といつくしみになるようにと、わたしたちの罪にもかかわらず、わたしたちのみじめさにもかかわらず、わたしたちの欠点にもかかわらずに、わたしたちを用いておられます。世界を愛されるために、わたしたちてどれほど世界を愛しておられるかを示すために、神はわたしたちを頼みとしています。自分のことにばかりかまけていては、他者のために使う時間がなくなってしまいます(94)」。

108　快楽的消費主義は、わたしたちをおかしくさせるのに影響しているといえるでしょう。快適に過ごすことに執着すれば、わたしたちは自分のことに、自分の権利に入れ込み、楽しい自由な時間をもつことに必死になり過ぎてしまうからです。多少なりとも節度ある暮らしに努めないかぎり、また物を買うよう消費社会がわたしたちに押しつける、そして何もかもが欲しい、何でもやりたいという不満をもつ気の毒な人に仕立てる、あの興奮に抗《あらが》う闘いをしないかぎり、助けの必要な人に手を差し伸べる役割を果たすことや、それに力を注ぐことが難しくなるでしょう。また、いいかげんな情報の消費や、即時的で仮想的なコミュニケーションの種々の形態は朦朧《もうろう》状態の要因となりえ、それがわたしたちの時間をすべて奪い、生身の兄弟姉妹の苦しみから引き離してしまいます。現代のこの渦の中にあって、また別の、より健康的な、もっと幸福な生活をわたしたちに示すために、福音が今また鳴り響きます。

＊＊＊

109　聖なる者たちの証言の力は、真福八端と、最後の審判で用いる行動規範とを、実際に生きていることにあります。イエスのことばは短く簡潔ですが、具体的で、すべての人に該当します。キリスト教はとりわけ、実践を目指しているからです。キリスト教は考察の対象でもありますが、わたしたちが日常の中で福音を生きるのに寄与して初めて、その考察は正当化されます。わたしは強く勧めます。このすばらしい聖書箇所に何度も目を通し、心に刻み、それを祈り、具体化するよう努めてください。そのことはきっと役に立ち、わたしたちをまことに幸福にしてくれるでしょう。

第四章　今日の世界における聖性のしるし

110　真福八端とマタイによる福音書25章31―46節が示した聖性の大枠の中で、主がわたしたちに求めておられる生き方を理解するために欠かせないだろうとわたしなりに考える、いくつかのしるしや心の姿勢を取り上げようと思います。多様な方法による祈り、エウカリスチアや和解といった大切な秘跡、犠牲をささげること、さまざまな信心業、霊的同伴など、そうしたすでによく分かっている聖化の手段の説明に時間を割くつもりはありません。ここでは、とくに響かせたい聖性への呼びかけに見られる、いくつかの側面についてのみ触れようと思います。

111　わたしが焦点を当てようとしているしるしは、聖性の典型にある要素すべてではありませんが、今日の文化がもつ危険と限界に照らし、わたしがとりわけ重要だと考えている、神と隣人への愛を示す五つの重要な表現です。今日の文化に現れているのは、心をかき乱し疲弊させる神経に障る激しい不安、マイナス思考ややるせなさ、利便性や消費主義や利己主義による怠惰、個人主義、その他今日の宗教市場を占拠する、神との接触のない種々多様な偽りの霊性です。

辛抱、根気、柔和

112　そうした重要なしるしの一つ目は、愛し支えてくださる神を固く中心に据えて軸としていることです。この内的堅固さにより、不運、人生の浮き沈みに、また他者からの攻撃、他者の不実や欠点にも辛抱して耐えることができるのです。「もし神がわたしたちの味方であるならば、だれがわたしたちに敵対できますか」（ローマ8・31）。ここに、聖なる人の姿勢に表れる平和の源があります。このような心の屈強さを基《もとい》として、落ち着きのない移り気で攻撃的な現代世界の中にあって聖性のあかしは、よいことを辛抱強くし続けることでなされるのです。それは愛の忠実さです。神により頼む人（pistis）は、兄弟に対しても誠実であり続けることができ（pistós）、よくないときにも彼らを見捨てず、すぐに満足のいく結果が得られないときでも、不安に惑わされることなく彼らに寄り添うのです。

113　聖パウロはローマの信者に、「悪に悪を」（ローマ12・17）返さず、「自分で復讐」（同19節）しようとせず、悪に打ち負かされず、むしろ「善をもって悪に勝」（同21節）つよう呼びかけました。この姿勢は弱さの表れではなく、真の強さの表れです。まさしく神は「忍耐強く、その力は大きい」（ナホム1・3）からです。神のことばはわたしたちに強く勧めます。「無慈悲、憤り、怒り、わめき、そしりなどすべてを、いっさいの悪意と一緒に捨てなさい」（エフェソ4・31）。

114　自分の中にある攻撃的で利己的な傾きと闘い、そうした傾向が根づかないよう用心しなければなりません。「怒ることがあっても、罪を犯してはなりません。日が暮れるまで怒ったままでいてはいけません」（エフェソ4・26）。流され沈みそうになっても、わたしたちはいつだって、祈りという錨《いかり》にすがることができます。祈りの錨は、わたしたちを神の腕の中に、平和の源のそばに、引き戻してくれます。「どんなことでも、思い煩うのはやめなさい。何事につけ、感謝を込めて祈りと願いをささげ、求めているものを神に打ち明けなさい。そうすれば、あらゆる人知を超える神の平和が、あなたがたの心と考えとを……守るでしょう」（フィリピ4・6―7）。

115　キリスト者であっても、インターネットや、多種多様なデジタルのコミュニティサイトや交流サイト上に張り巡らされた、ことばによる暴力にかかわりえます。カトリックのメディアであっても、たがが外れ、誹謗中傷が常態化し、倫理観や相手の名誉に払うべき敬意がまるきり無視されてしまうこともあります。すると、そのようなネットワークの中では、公の場では許されないようなことを口にし、仕返しをしてやろうとの気持ちをぶちまけて自分の不満を満たそうとするため、危険な対立が生じます。それが顕著なのは、別の律法を擁護するふりをして、「偽証してはならない」という第八のおきてをまったく無視し、相手のイメージを情け容赦なく壊すときです。舌は「不義の世界」であり「移り変わる人生を焼き尽くし、自らも地獄の火によって燃やされ」（ヤコブ3・6）るということが、そこに端的に表されています。

116　恵みのわざである心の強さは、社会生活に押し寄せる乱暴な力に押し流されないようわたしたちを守ります。恵みは、思い上がりを抑え、柔和な心でいられるようにしてくれるからです。聖なる人は、人の過ちに文句をいうことに無駄なエネルギーを使いません。兄弟姉妹の欠点に口を閉ざすことができ、破壊や虐げとなることばの暴力を避けます。相手に厳しくできるほど自分が立派な人物だとは考えず、自分よりも相手のほうが優れていると考えているからです（フィリピ2・3参照）。

117　人を見下すこと、手厳しく裁く立場に立つこと、相手を軽んじること、いつまでも訓戒をたれようとすること、これらはわたしたちにとってよいことではありません。これは、一種の暴力です。[95] 十字架の聖ヨハネは、むしろ、すべてのうちでいちばん小さい者に教えることを望むよりは、すべての者から教えられることを、いつも愛さなければならない」[96]。そして悪から離れておくための忠告も加えています。「ほかの人の善益を自分自身のもののように喜び、また彼らがあらゆることにおいて、あなたより先んじられることを望み、しかも、心の底からそれを願うように努めながら、あなたが、いつもことばと行いによって、心からへりくだることである。このようにして、あなたは善によって悪に勝ち、悪魔を遠くに追い払い、心の喜びをもつであろう。殊に、あなたにとって好ましくない人々に対して、これを実行するように努めよ。そして、もしこのようにしないならば、あなたは真の愛徳に達することも、またこれに進歩することもないと知れ」(97)。

118　慎みは、恥辱を経てようやく心に根づかせることができます。屈辱を受けることがなければ、謙遜も聖性もありません。多少の辱めを辛抱することや、それを受けるべく身を差し出すことができないのであれば、あなたは謙虚ではなく、また聖性の道にもいません。神が教会に与えてくださる聖性は、ご自分の独り子の恥辱を通してもたらされたものですから、そのかたこそが道です。辱めを受けることが、あなたをイエスに似た者にしてくれます。イエス・キリストに倣うには避けては通れない道です。「キリストもあなたがたのために苦しみを受け、その足跡に続くようにと、模範を残されたからです」(一ペトロ2・21)。イエスは身をもって、御父のへりくだりを表しています。御父はご自分の民とともに歩むために身をかがめられたかた、民の不義と不平に耐えておられるかたです（出エジプト34・6―9、知恵

11・23—12・2、ルカ6・36参照）。それゆえ使徒たちは、辱めを受けた後に、「イエスの名のために辱めを受けるほどの者にされたことを喜び、最高法院から出て行」（使徒言行録5・41）ったのです。

119　わたしがいっていることには、殉教の過酷な境遇ばかりではなく、日常的な屈辱も含みます。家族を守るためにじっと耐える人、自慢を控えて相手を立て褒めることを優先する人、目立たない仕事に就く人、時には、主への献身ゆえに、不公正を甘んじて受けることすらある人の屈辱です。「しかし、善を行って苦しみを受け、それを耐え忍ぶなら、これこそ神のみ心にかなうことです」（一ペトロ2・20）。これは、うつむいて歩くとか、ほとんど口を開かないとか、人付き合いを避けることではありません。まさに自己本位から解き放たれているがゆえに、自分の体面が傷つく結果になろうとも、穏やかな口調で反論したり、正義のために声を上げたり、権力者に対して弱者を守る勇気をもつ人です。

120　わたしは、こうした屈辱が快だといっているのではありません。それでは被虐趣味《マゾヒズム》です。そうではなくこれは、イエスに倣いイエスと一つになって成長するための道だといいたいのです。このことは当然のこととして理解されることはなく、世の中はそのような提案を小ばかにします。ですがこれは、わたしたちが請い願うべき恵みです。「主よ。辱めが迫るときには、あなたの道にいて、あなたの陰にいるのだと感じられるよう助けてください」。

121　このような姿勢は、とてつもなく巨大な自我からわき出る闘争心から解放された、キリストによって平安にされた心を前提とします。恵みのわざであるこの平安こそが、内的安定と辛抱強さを保てるようにと、「死の陰《かげ》の谷を行くときも」（詩編23・4）、「彼らがわたしに対して陣を敷いても」（詩編27・3）、善のままでいられるようにしてくれるのです。岩であるかた、主に固く根ざせば、わたしたちは口ずさむことができます。「平和のうちに身を横たえ、わたしは眠ります。主よ、あなただけが、確かに、わたしをここに住まわせてくださるのです」（詩編4・9）。つまるところキリストは「わたしたちの平和」（エフェソ2・14）であり、「われらの歩みを平和の道に導く」（ルカ1・79）ために来られたのです。キリストは聖ファウスティナ・コヴァルスカにこういわれました。「人類は、信頼をもってわたしのいつくしみへ向かわないかぎり、平和を得ないであろう」(98)。心の平安を、出世、むなしい快楽、所有、他者の支配、社会的イメージに求めるような誘惑には陥らないようにしましょう。

「わたしは、……わたしの平和を与える。わたしはこれを、世が与えるように与えるのではない」（ヨハネ14・27）。

喜び、ユーモアのセンス

122　ここまで述べたことは、臆病で、悲しげで、不愛想で、沈んだ心とも、生き生きした表情のない顔とも違います。聖なる人とは、喜びと、ユーモアのセンスをもって生きることのできる人です。現実に立脚することを忘れず、前向きな希望ある心で人々を照らします。キリスト者であることは、「聖霊によって与えられる……喜びなのです」（ローマ14・17）。「愛徳という愛には必然的に悦びが伴う。けだし、愛する者はすべて愛する相手との結びつきを悦ぶのである。……ここからして、悦びは愛徳に伴うものである」[99]からです。わたしたちはみことばというすばらしいものを受け、「ひどい苦しみの中で、聖霊による喜びをもって」（一テサロニケ1・6）それにすがってきました。わたしたちは主に、自分の殻から出していただき、生き方を変えていただくならば、聖パウロの求めにこたえることができます。「主においてつねに喜びなさい。重ねていいます。喜びなさい」（フィリピ4・4）。

123　預言者たちは、喜びの啓示として、わたしたちの生きるイエスの時代を告げました。「叫び声を上げ、喜び歌え」（イザヤ12・6）、「高い山に登れ、よい知らせをシオンに伝える者よ。力を振るって声を上げよ、よい知らせをエルサレムに伝える者よ」（イザヤ40・9）、「山々よ、歓声を上げよ。主はご自分の民を慰め、その貧しい人々をあわれんでくださった」（イザヤ49・13）、「娘シオンよ、大いに踊れ。娘エルサレムよ、歓呼の声を上げよ。見よ、あなたの王が来る。彼は神に従い、勝利を与えられた者」（ゼカリヤ9・9）。さらに、ネヘミヤの勧めも忘れてはなりません。「悲しんではならない。主を喜び祝うことこそ、あなたたちの力の源である」（8・10）。

124　イエスのもたらした新しさに気づくことのできたマリアは、「わたしの霊は救い主である神を喜びたたえます」（ルカ1・47）と賛美の声を上げ、イエスご自身は「聖霊によって喜びにあふれ」（ルカ10・21）ました。イエスが通り過ぎれば、「群衆はこぞって、……喜」（ルカ13・17）びました。イエスの復活後には、弟子たちが立ち寄る場所では、人々が「大変喜び」（使徒言行録8・8）ました。イエスはわたしたちに、安心を与えてくださいます。「あなたがたは悲しむが、その悲しみは喜びに変わる。……わたしは再びあなたがたと会い、あなたがたは心から喜ぶことになる。その喜びをあなたがたから奪い去る者はいない」(ヨハネ16・20、22)。「これらのことを話したのは、わたしの喜びがあなたがたの内にあり、あなたがたの喜びが満たされるためである」(ヨハネ15・11)。

125　つらいとき、十字架が重くのしかかるときはありますが、何ものにも、超自然なる喜びを打ち砕くことはできません。その喜びは「状況に応じて変化しつつも、消え失せることは決してありません。それが、自分が無限に愛されているという個人としての確信から生じるかすかな光であるとしても」[100]です。それは、内的安心、希望に満ちた平静であり、この世の基準では理解不能な、霊的充足をもたらします。

126　キリスト者の喜びにはおしなべてユーモアのセンスがあり、なかでもそれが顕著なのは、聖トマス・モア、聖ヴィンセンシオ・ア・パウロ、聖フィリポ・ネリなどです。不機嫌なのは聖なる人ではない証拠です。「お前の心から悩みを取り除(け)」(コヘレト11・10［フランシスコ会訳］)。主が「楽しませてくださる」(一テモテ6・17)ようわたしたちに与えてくださったものはこれほどまでに多いのですから、悲しむことは時に忘恩につながります。神から受けた贈り物に気づけなくなってしまうほど自分の中に引きこもってしまうからです[101]。

127　神の父なる愛がわたしたちに呼びかけます。「子よ、分に応じて、財産を自分のために使え。……一日だけの幸せでもそれを逃すな」（シラ14・11、14）。前向きで、感謝の心をもって、難しく考えすぎないよう望んでおられます。「順境には楽しめ……」。神は人間をまっすぐに造られたが、人間は複雑な考え方をしたがる」（コヘレト7・14、29）。いかなる場合にも柔軟な精神を保ち、「自分の置かれた境遇に満足することを習い覚えた」（フィリピ4・11）聖パウロのようであるべきです。それは、一片の硬いパンを前に感謝で心振るわせ、あるいは、頬をなでるそよ風がためだけに喜びをもって神を賛美できた、アッシジの聖フランシスコの生き方です。

128　申し上げているのは、今日の、文化的といえるような経験に頻出する、消費主義的で個人主義的な喜びのことではありません。消費主義は心を食傷させるだけです。束《つか》の間の娯楽にはなっても、それは喜びではありません。そうではなく、共有と分配のある交わりの中で生きるあの喜びについていっているのです。「受けるよりは与えるほうが幸い」（使徒言行録20・35）で、「喜んで与える人を神は愛してくださるからです」（二コリント9・7）。兄弟愛は他者の幸せを喜べるものですから、わたしたちの喜びの量を倍増してくれます。「喜ぶ人とともに喜び、泣く人とともに泣きなさい」（ローマ12・15）。「わたしたちは自分が弱くても、あなたがたが強ければ喜びます」（二コリント13・9）。裏を返せば、「何よりも自分の必要だけに注力するなら、わずかな喜びしかもたずに生きることになります[102]」。

大胆さ、熱意

129　他方、聖性はパレーシア（parrhesia）でもあります。それは、大胆さ、この世に影響を与えようとする福音宣教者の機動力です。それをもてるようにと、イエスご自身がわたしたちのもとに来られ、優しく、けれどもきっぱりと、繰り返しいわれます。「恐れることはない」（マルコ6・50）。「わたしは世の終わりまで、いつもあなたがたとともにいる」（マタイ28・20）。こうしたことばがわたしたちを、聖霊が使徒たちの中にかき立てイエス・キリストを告げさせた、勇気に満ちたあの姿勢をもって歩み、働けるようにしてくれます。大胆さ、熱意、躊躇《ちゅうちょ》のない語り、使徒的情熱、これらはすべてパレーシアということばに含まれているものです。さらに聖書はこのことばを使って、神や他者のために開かれた、何ものにもとらわれないあり方を説明しています（使徒言行録4・29、9・28、28・31、二コリント3・12、エフェソ3・12、ヘブライ3・6、10・19参照）。

130　福音者パウロ六世は、福音宣教を妨げるものの中で、とりわけパレーシアの欠如について語っています。「それは熱意の欠如ということです。内部からくるものだけに、いっそう重大な妨げです(103)」。わたしたちは、危険のない陸近くから離れずにいたいと考えてばかりいます。しかし主は、沖に出て深いところに網を下ろすよう招いておられます（ルカ5・4参照）。主はわたしたちを、ご自分への奉仕に人生をささげるよう召し出しておられます。主に根ざすことで、他者への奉仕に自分のカリスマのすべてをささげるよう励まされるのです。主の愛に駆り立てられていることを自覚し（二コリント5・14参照）、聖パウロと声を合わせて「福音を告げ知らせないなら、わたしは不幸なのです」（一コリント9・16）といえるようになりますように。

131　イエスをご覧なさい。イエスの深いあわれみには、ご自分のことを考えるようなところは微塵《みじん》もありません。わたしたちが抱きがちな、ためらったり、臆病になったり、人目を気にしたりする同情心ではなく、それとは正反対のものです。告げ、宣教に出て、いやしと解放に向かわせる力を携えて、自分の外へと出て行くよう駆り立てるあわれみです。自分の弱さを自覚しましょう。ですがそれでも、イエスに手を取っていただき、宣教に向けて背中を押していただきましょう。わたしたちは皆もろい者ですが、宝の運搬人です。宝がわたしたちを大きくし、それを手にした人をよりよいものに、幸福にしてくれるのです。大胆さと使徒的勇気は福音宣教を構成する要素です。

132　パレーシアは聖霊の証印であり、告げられたことの真正さの明証です。それは、自分たちが告げる福音によって、わたしたちは栄光に導かれるという幸いの確証であり、何ものも「神の愛から、わたしたちを引き離すことはできない」（ローマ8・39）という確信を与えてくれる、誠実な証人であるかたの忠実さに対する揺るぎない信頼です。

133　恐れや憶測に惑わされぬよう、安全地帯だけを歩くことに慣れてしまわぬよう、聖霊の後押しが必要です。閉め切った場所はかび臭く、病んでしまうことを思い出してください。使徒たちは不安や危険から、じっとしていようという誘惑に陥りそうなときに、パレーシアを求めてともに祈りました。「主よ、今こそ彼らの脅しに目を留め、あなたのしもべたちが、思い切って大胆にみことばを語ることができるようにしてください」（使徒言行録4・29）。すると、こうなりました。「祈りが終わると、一同の集まっていた場所が揺れ動き、皆、聖霊に満たされて、大胆に神のことばを語りだした」（使徒言行録4・31）。

134　預言者ヨナ同様、わたしたちには、安全地帯に逃れたいとの誘惑がつねにあります。そうした場所はさまざまな名で呼ばれます。個人主義、精神主義、小さな世界に閉じこもること、依存、かたくなな態度、既存の枠組みの反復、教条主義、懐古主義、悲観主義、規則を隠れ蓑《みの》にすることなどです。慣れ親しんだ場所を離れることには抵抗があるでしょう。けれども、嵐や巨大な魚や、ヨナのとうごまの木を食い荒らした虫のように、あるいはヨナの頭を焼いた東風や太陽のように、困難が訪れることもあります。ヨナに対してそうであったように、そうした困難にはわたしたちを、優しいかた、旅を続け新しさをもたらす者にわたしたちをしようとなさるかた、神であるかたのもとへ、立ち帰らせてくれる役割があるはずです。

135　神は永遠に続く新しさなのです。その新しさが、何度も何度もわたしたちを、なじみのある場所を離れ、はるか先へと進み、周縁へと、さらにその先へと向かうよう突き動かすのです。人間性がもっとも損なわれたところへ、浅薄で順応主義的に見えても、人生の意味についての問いの答えを探し続ける人のもとへと、わたしたちを連れていきます。神は恐れません。恐れを知らないのです。神はいつだってわたしたちの固定観念を超えておられ、周縁を恐れません。ご自身が、周縁になられたのです（フィリピ2・6―8、ヨハネ1・14参照）。ですからわたしたちが社会の片隅に出向いて行こうとするならば、そこで神と出会えるでしょう。神はすでにそこにおられるのです。イエスは、その兄弟やその姉妹の心に、傷を負ったそのからだに、虐げられたその生活の中に、力を失ったその魂の中に、わたしたちよりも先におられます。イエスはすでにそこにおられるのです。

136　イエス・キリストに対して、心の扉を開かなければならないのはそのとおりです。イエスは戸をたたき、呼んでおられるからです（黙示録3・20参照）。ですがわたしは、わたしたちの自己中心性という息苦しい空気のために、わたしたちの中でイエスが戸をたたくことはもうないのではないか、イエスはすでに追い出されているから――そうときおり思うのです。福音書から、イエスがどのように「神の国をのべ伝え、その福音を告げ知らせながら、町や村を巡って旅を続けられた」（ルカ８・１）かが分かります。復活の後も、弟子たちが至るところに告げ知らせに出掛ければ、「主は彼らとともに働き、彼らの語ることばが真実であることを、それに伴うしるしによってはっきりとお示しになった」（マルコ16・20）のです。これこそが、真の出会いから生まれるダイナミズムです。

137　慣習というものはわたしたちを惑わし、何かを変える試みは意味がないだとか、これまでずっとこうであったし、ともかく前に進んできたのだし、この現状はどうすることもできないのだと言いくるめます。その結果わたしたちは、悪に立ち向かわなくなり、物事は「なるようになる」のだとか、あるいは、だれかがそう決めたのだからといって、それを容認するのです。さあ、だからこそ主に目覚めさせていただき、無気力状態のわたしたちをたたき起こし、惰性から解放していただきましょう。慣習に立ち向かい、目と耳、そして何より心を開きましょう。自分の周りで起きていることによって、また復活した主の生きた力あることばによって、今いる場所から動けるようにしてもらうためです。

138　多くの司祭、修道者、信徒の模範が、わたしたちを突き動かしています。彼らは、固い忠誠心をもって、時にはいのちを危険にさらし、当然自分の快適さを犠牲にして、告げ知らせ、奉仕するために身をささげた人たちです。彼らのあかしからは、教会が必要とするのは大勢の官僚や役人ではなく、まことのいのちを伝えることに燃えて献身する、熱い宣教者だということに気づかされます。聖人たちはわたしたちを驚かせ、衝撃を与えます。その生涯をもってわたしたちに、ぬるま湯につかり麻痺状態にある凡庸から抜け出しなさいと呼びかけているからです。

139　一歩踏み出すようにと聖霊に求められたときにためらうことのないよう、主に恵みを願いましょう。他者に福音を伝えるための、キリスト者の生き方を過去の遺物にしてしまわぬための、使徒としての勇気を願いましょう。復活したイエスを手掛かりとしてこれまでの歩みを考えられるよう、いかなるときにも聖霊に助けていただきましょう。そうすれば教会は、よどむことなく、主に驚かされ続けるでしょう。

共同体の中で

140　人とのかかわりを断った中で、己の欲望や、悪魔や利己的な世の罠《わな》や誘惑と闘うのはとても難しいことです。誘惑は激しい砲撃であり、あまりに人との交わりが欠けてしまうと、すぐに現実感覚や精神の明晰《めいせき》さを失って、わたしたちは負けてしまいます。

141　聖化とは、他の人と隣り合って歩む共同の道です。数々の列聖された集団が、それを表しています。教会は、福音を勇猛に生き、仲間全員がいのちを神にささげた共同体を、幾度も集団全体で列聖してきました。例を挙げてみましょう。聖母マリアのしもべ会創立七聖人、マリア訪問会マドリード第一修道院の七聖人、日本の聖パウロ三木と同志殉教者、韓国の聖アンデレ・キム・デゴンと同志殉教者、南米の聖ロケ・ゴンザレスと聖アルフォンソ・ロドリゲスおよび同志殉教者です。また、ティビリヌ（アルジェリア）のトラピスト会士たちによる、ごく最近あかしのことも思い出してみましょう。彼らはともに殉教を覚悟したのです。これと同じく、相手の聖化のために、夫と妻それぞれがキリストの道具となる、聖である夫婦もたくさんいます。だれかとともに生き、だれかとともに働くことは、まぎれもなく霊的成長の道です。十字架の聖ヨハネは弟子に、「練り鍛え[104]」られるために他者と暮らすのだといいました。

142　どの共同体も、「復活した主の隠れた現存を経験するために神に向かう場[105]」を生み出すために呼ばれています。みことばの分かち合いと、ともに祝う感謝の祭儀は、兄弟姉妹のきずなを強め、わたしたちを聖なる宣教する共同体に変えてくれます。それはまた、聖ベネディクトと聖スコラスティカのように、真の神秘的経験を共同体にもたらします。また、聖アウグスティヌスと実母聖モニカがともに経験した、あの崇高な霊的対話にも見られます。「母がこの地上の生から去る日が近づいていたころ――この日をあなたはご存じでしたが、わたしたちは知りませんでした――、わたしが思うに、あなたが密かに配慮してくださったのでしょうが、わたしと彼女と二人だけである窓辺に寄りかかっていました。その窓からは……中庭が眺められました。……とにかくわたしたちはあなたの泉、あなたのもとにある生命の泉、天上からの流れに向かって心の口を開き……ました。……さてわたしたちはこのように知恵について語り合い、それを喘ぎ求め、全心を集中して一瞬それに触れました。……

それはわたしたちが喘ぎ求めている、まさにあの瞬間の認識において生じる永遠の生命でありましょう」[106]。

143　もっとも、こうした経験はそうしばしばあることでもなく、いちばん大事なことでもありません。家庭であれ、小教区であれ、修道会であれ、その他どこであれ、そこにある共同体としての生活は、日常のこまごまとしたことの積み重ねで作られています。そのことはイエスとマリアとヨセフが成員の聖なる共同体――そこには聖三位の交わりの美が模範的なかたちで映されています――にも当てはまります。また、イエスがご自分の弟子や市井の人々と過ごした交わりの生活における出来事も同じです。

144　小さなことにも心を配るようにと、イエスが弟子たちにどれほど促したかを覚えておきましょう。

婚宴でぶどう酒がなくなりそうだという、些細《ささい》なこと。
一匹の羊がいなくなったという、些細なこと。
二枚の銅貨をささげたやもめという、些細なこと。

花婿が遅れる場合に備えて、ともし火のための予備の油を用意するという、些細なこと。手持ちのパンがいくつあるかと弟子に尋ねるという、些細なこと。明け方、弟子を待ちながら炭火を起こし、その上に魚を乗せておくという、些細なこと。

145　ささやかな愛情表現を大切にする共同体では、(107)成員が互いに気遣い合い、開かれた場、福音化の場を築いており、そこは、御父の計画のとおりにご自分をささげられた復活の主の現存の場です。主の愛のたまものゆえに、そうした小さなことを通して、神からの慰めの経験を得ることは少なくありません。「ある冬の夕方、わたしはいつものようにこの小さい務めをしていました……。突然、遠くのほうから何か楽器の美しいメロディーが聞こえてきました。そのとき、わたしはあかあかと照らし出された金色《こんじき》の装飾もまばゆい一つのサロンを想像しました。そして優雅に着飾った少女たちがお世辞を言い合いながら、世間的なあいさつを交わしているところを――。次の瞬間、自分の支えているかわいそうな病人に目が移りました。ときどき耳に入るのはメロディーではなく、病人の嘆き訴えるうめき声……でした。あのとき感じたことをどう言い表したらよいでしょう――。分かっていることは、主がこの地上の祝祭の曇った輝きをはるかに越える真理の光で照らしてくださったので、わたしは自分の幸福が信じられないほどだったことです――」(108)。

146　他者のことは気に留めずに快適さを追求することへと個々人を孤立させる大量消費社会の個人主義的風潮とは反対に、わたしたちの聖性への歩みは、「父よ、あなたがわたしの内におられ、わたしがあなたの内にいるように、すべての人を一つにしてください」（ヨハネ17・21）というイエスのこの願いを、自らのものとしないはずがありません。

たえざる祈り

147　最後に、分かり切っていることとは思いますが、聖性とは、超越なるものに対してつねに開いていることで結実することを忘れずにいましょう。超越なるものに対するつねなる開きは、祈りと崇敬をささげることで表されます。聖人とは、神とのつながりに必要な祈りの心をもつ名人です。この世の閉じた内在性で窒息することに耐えられず、努力と献身をもって熱い思いで神を慕い、賛美に没頭し、主を黙想することで己の限界を克服していくのにたけた人です。長時間であったり感情を高ぶらせたりする必要はありませんが、祈りのない聖性をわたしは信じていません。

148　十字架の聖ヨハネは勧めます。「それが現実だろうと、想像だろうと、その中間であろうと、自分の働きがゆるすかぎり、つねに神の現存にとどまる努力をすることです[109]」。結局のところ、わたしたちの日常に何かしらのかたちでご自分を現さずにはいられない、これが神の思いです。「たえず念禱のうちにとどまり、肉体的な仕事の間にも念禱を捨ててはいけない。食べるにしても、飲むにしても語るにしても、あるいは世俗の人々と交渉するにしても、また何かほかのことをするにしても、たえず神を望み神のほうにあなたの心の愛情を向かわせるべきである[110]」。

149　けれどもこれを可能にするには、自分と神だけの、神のためだけの時間をもつことも必要です。アヴィラの聖テレジアにとって祈りとは、「自分が神から愛されていることを知りつつ、その神と、ただふたりだけでたびたび語り合う、友情の親密な交換にほかなりません[111]」。これは恵まれた少数の人だけのことではなく、すべての人にとってもそうだということを、はっきり申し上げます。「わたしたちすべてに、敬慕するかたの存在で満たされたこの沈黙が必要[112]」だからです。信頼に満ちた祈りは、神と向かい合って神に開く心の反応です。そのとき、沈黙の中に響く主の柔らかな声が聞こえるよう、ざわめきは静まるのです。

150　その沈黙の中でわたしたちは、聖霊に照らしを受け、主が招いておられる聖性の道を識別することができるのです。そうしなければわたしたちの決断はすべて、生活を通した福音の称賛ではなく、反対にそれを覆い隠す、ただの「装飾」でしかなくなります。弟子であるならば、師であるかたとともにあり、そのかたに聞き、そのかたから学び、学び続けることは欠かせません。耳を傾けることがなければ、わたしたちのことばはどれもただやかましいだけで、何の役にも立たないでしょう。

151　忘れてはなりません。「たとえ苦しい生活によってばらばらになろうとも、罪が刻まれようとも、わたしたち人類をもう一度結んでくださる、死んで復活されたイエスのみ顔を観想することです。キリストのみ顔がもつ力を、手なずけたりしてはならないのです[113]」。ではお尋ねします。沈黙をもって主の現存に身を浸し、じっくりと主と過ごし、主に見つめていただく時間をもっていますか。主の火を自分の心に燃やしていただいていますか。主の愛と優しさの熱を注いでいただかなければ、火を手にすることはありません。それでどうして他者の心に、あなたのあかしとことばで火をともすことなどできるのですか。キリストを目の前にしてもなお、いやされることも、変えられることもないならば、主のはらわたの中に、主の傷の中に入りなさい。神のいつくしみは、まさにその場所に宿っているからです[114]。

152　ただし、祈りのための静寂を口実に、自分たちを取り囲む世界を否定する考えをもたないでください。たえず祈りながら歩いたあの「ロシア人巡礼者」は、祈りは目に見える現実から自分を切り離したりしないと語っています。「すべての人は自分に対していっそう親切であり、みんな自分を愛してくれるかのように思われた。……そういう（幸福と喜びの）気分から判断すると、この見える世界さえも、わたしには不思議なほどに美しく見えてくるのでした[115]」。

153　過去の出来事がなくなることもありません。祈りは、わたしたちの生活に注がれている神の恵みで養われているからこそ、つねに豊かな回想であるはずです。神のわざを顧みることが、神とその民との間の契約を身をもって知るための基礎です。神が歴史に介入することを望まれたのですから、祈りは記憶で編まれるものです。それは、啓示されたことばに限らず、自分の人生、他者の人生、主がご自分の教会を通して行われたことの回想です。聖イグナツィオ・デ・ロヨラが、主から受けたすべての恵みを顧みるようわたしたちに求めて、その「愛に達するための観想」(116)で語っている感謝をもった振り返りを指しています。祈るときには、あなたのこれまでの過去を見つめてください。そうすれば、多くのいつくしみを見いだすでしょう。またそれによって、主はあなたをご自分の記憶にとどめ、あなたのことを決してお忘れにはならないことへの認識が強まります。ですから、自分の生活のごく細かなことにも光を当ててくださるよう主に祈ることは大切です。主はそれらもすべて見ておられるからです。

154　嘆願の祈りは、神を信頼する心の表れです。神は、その人が自分の力だけではどうにもできないことを分かっておられます。神に忠実な民の生活には、信じ切った甘えと深い確信に満ちた、たくさんの嘆願の祈りがあります。懇願の祈りを見下してはなりません。この祈りは、幾度となくわたしたちの心を落ち着かせ、希望をもって闘い続けられるよう支えてくれています。執り成しの祈りは、神への信頼に加えて隣人に対する愛の表現であるため、とくに価値が高いのです。精神主義による先入観から、まるで兄弟姉妹の名前や顔は避けるべき心を乱すものであるかのようにして、祈りは気を散漫にさせるものを排した純然たる神観想でなければならないと思い込んでいる人もいます。しかし実際はその逆です。執り成しの祈りを通してイエスがわたしたちに授けた二つのおきてを生きることになれば、祈りは神をいっそう喜ばせるものとなり、わたしたちをいっそう聖化するものとなるでしょう。執り成しの祈りでは、他者の生活、激しい不安、大きな希望を、自分のこととして受け止めるため、この祈りは他者に対する兄弟愛からの責任を表しています。広い心をもって一生懸命に執り成す人は、聖書のことばでいえば「深く同胞を思い、民……のために不断に祈っている」(二マカバイ15・14)といえるでしょう。

155　神の存在を心から認めるならば、神を賛美せずにはいられません。感嘆にあふれる沈黙での賛美もあれば、華やいだ賛辞を高らかに歌う場合もあります。そうしてわたしたちは、「神の存在を信じた瞬間に、わたしはただ神のために生きることしかできないと悟った」[117]と語った際に福者シャルル・ド・フーコーが経験していたことを表明するのです。旅する民の生活にも、「旅する者が、神の優しさや神がそばにいてくださることを象徴的に描いた絵や像に目を留めた」ときなどの、素朴な崇敬を表す自然な表現がたくさんあります。「愛は、じっくり時間をかけて神秘を沈思し、静かにそれを味わうのです(118)」。

156　蜜より甘く（詩編119・103参照）、「両刃《もろは》の剣《つるぎ》」（ヘブライ4・12）である神のことばを祈りのうちに読むことで、師なるかたにじっくりと耳を傾けられるようになります。そうしてそのかたが、わたしたちの道を照らす光、歩みを照らすともし火となります（詩編119・105参照）。インドの司教団は、わたしたちにはっきりと気づかせてくれます。「神のことばにささげる崇敬は、数ある崇敬の一つのかたちでもなければ、大切ではあっても他の選択肢もありうる何かでもありません。それはキリスト者の生活の核、まさしくアイデンティティにかかわるものです。みことばには、生き方を変える力があるのです(119)」。

157　聖書を通したイエスとの出会いによって、わたしたちはエウカリスチアに導かれます。聖体は生けるみことばであるかたの真の現存であるので、感謝の祭儀はそのみことばが最大の力を発揮する場です。感謝の祭儀において、唯一の絶対者は、この世がささげうる最大の崇敬を——まさにキリストご自身が自らをおささげになるからです——受けるのです。ですから聖体拝領によってキリストを受けるときにわたしたちは、キリストと結んだ契約を新たにし、わたしたちの生き方を変えてくださるキリストのわざがより十全に行われるよう自分を明け渡すのです。

第五章　闘い、警戒、識別

158　キリスト者の生活は、絶えざる闘いです。悪魔の誘惑に抗《あらが》い福音を告げるための、強さと勇気が求められています。この闘いは実にすばらしいものです。主がわたしたちの生活の中で勝利を収めるたびに、わたしたちは喜び祝うことができるからです。

闘い、警戒

159　この世や世俗的な精神性――わたしたちを欺き、鈍らせ、責任感も喜びもない凡人にするもの――に抗う闘いだけを問題にしているのではありません。また、己の弱さと性向（だれしもが、その人なりにもっているもの――怠け癖、色好み、やっかみ癖、焼きもち焼き、などです）との闘いだけに還元されるものでもありません。それは、悪の君であるサタンとのやむことのない闘いでもあるのです。イエスが自ら、わたしたちの勝利を祝ってくださいます。イエスは、ご自分の弟子が福音を告げることをうまくやり遂げ、悪魔という敵に打ち勝つと、喜び、祝ってくださいました。「わたしは、サタンが稲妻のように天から落ちるのを見ていた」（ルカ10・18）。

ただの神話ではない

160　超自然的感覚をもたずに経験による基準だけで人生を見ることにこだわれば、サタンの存在は認められないでしょう。わたしたちの間にその邪悪な力が存在しているとの確信があれば、悪が猛威を振るうことのある理由が理解できます。ある種の現実を表現するのに、聖書記者の観念的知識には限界があったこと、たとえば、てんかんを悪魔のしわざだとするような混同がイエスの時代にはあったであろうことは事実です。ですが、そうだからといって、福音書で語られている事例はすべて精神的な病であるとか、結局悪魔は存在しない、悪魔の働きなどないといって、現実を極端に単純化すべきではありません。その存在は、悪魔に対する神の勝利で締めくくられる、聖書の最初の書からあります。[120] 事実、イエスは主の祈りを教えてくださった際に、悪魔からの解放を御父に願ってこれを締めくくるよう望まれました。主の祈りで使われている表現は、抽象的に悪いものを指しているのではなく、より厳密な訳でいえば「悪魔」です。それは、わたしたちを執拗に苦しめている、人格を有した存在です。その力に押さえつけられないために、悪からの解放を日々願い求めるよう、イエスは教えてくださいました。

161　ですから、その存在を神話だとか、一種の表現であるとか、記号、象徴、あるいは観念だなどと考えてはなりません。[121] そうした思い違いは、わたしたちの警備を弱体化させ、油断させ、無防備にさせます。悪魔には、わたしたちに取りつく必要はありません。憎しみ、悲しみ、嫉妬心、悪行で毒していくのです。そうして次に警備の緩みを、わたしたちの生活、家庭、共同体を壊すのに利用します。「ほえたける獅子のように、だれかを食い尽くそうと探し回って」（一ペトロ5・8）いるのです。

目を覚まして、信頼しなさい

162　神のことばは、「悪魔の策略に対抗して立ち」（エフェソ6・11）、「悪い者の放つ火の矢をことごとく」（エフェソ6・16）消すようわたしたちに明確に求めています。これは大げさな物言いではありません。聖性に向けた道のりは、絶えざる闘いでもあるからです。これを認めようとしない人は、失敗や凡庸に陥る危険があるでしょう。わたしたちには、闘いのために神が与えてくださった強力な武器があります。祈りとなって表れる信仰、神のことばの黙想、ミサをささげること、聖体礼拝、和解の秘跡、愛徳のわざ、共同体生活、宣教の熱意です。聖ブロチェロ司祭がいったように、注意を怠れば、悪の偽りの約束にやすやすとだまされてしまいます。「ルシファーがあなたがたに自由を約束しようと、彼の全財産を投げ出してくれるとしても、それが偽りの富ならば、毒にまみれた富ならば、一体何になるでしょうか(122)」。

163　この道のりにおいては、善なる部分を伸ばし、霊的に成熟し、愛を増すことが、悪に抵抗する最善の策です。行き詰ったままでもいいという選択をしてしまえば、安っぽいもので満足してしまえば、主にもっとすばらしい贈り物をささげたいという夢をあきらめてしまえば、持ちこたえることはできません。もっと悪いのは、敗北主義に陥ってしまうことです。「自信なく戦いを始める者は、すでに半分は負けたようなもので、自分の能力を葬ってしまう」からです。「キリスト者の勝利には、つねに十字架が伴います。しかし、十字架は同時に勝利の御旗です[123]」。

霊的な堕落

164　聖性の道は、聖霊がわたしたちに与えてくれる平和と喜びの源泉ですが、同時にまた、「ともし火をともして」（ルカ12・35）、たえず用心するよう求めてもいます。「あらゆる悪いものから遠ざかりなさい」（一テサロニケ5・22）、「目を覚ましていなさい」（マタイ24・42、マルコ13・35）、「眠っていないで……いましょう」（一テサロニケ5・6）。自分は神の律法に反する重大な過ちを犯してはいないと思っている人が、油断して、鈍感で、寝ぼけた人になってしまうことはありえます。深い後悔の念を覚えることがなければ、自分の霊的生活をじわじわと占拠していくあの生ぬるさに気づくことができず、ついには、衰弱して、腐ってしまうのです。

165　霊的な堕落は、最後にはすべてが律法にかなっているかに見せる、のんきで自己充足的な無知であるため、罪人の転落よりもたちが悪いものです。ごまかし、中傷、利己主義、その他多くの自己中心性の狡猾《こうかつ》なやり口がそうなのです。「サタンでさえ光の天使を装う」（二コリント11・14）からです。ソロモンはそうしたものの中で生涯を終えたのです。他方、大きな罪を犯したダビデは自分のみじめさに打ち勝つことができました。一つの話を通してイエスは、わたしたちを堕落へと向かわせる、あの欺きの誘惑について警告されました。サタンから解放され、これまでの自分はきれいにされたと思っていたのに、最後にはさらに七つの悪霊に取りつかれてしまう人の話です（ルカ11・24―26参照）。また別の聖書箇所は、強烈なイメージを用いています。「犬は、自分の吐いた物のところへ戻って来る」（二ペトロ2・22。箴言26・11参照）。

識　別

166　聖霊からもたらされたものなのか、この世の考えや悪魔の霊に由来するものなのかを、どのように知るのでしょうか。唯一の方法が、識別です。これは、理性的判断や良識といったよい働きの能力を指すだけでなく、願い求めなければならないたまものでもあります。信頼をもって聖霊に願い求めつつ、祈りと黙想と読書とよい助言によってその力を養うよう努めるならば、わたしたちは確実にこの霊的な能力を伸ばすことができるでしょう。

喫緊の必要

167　今日では、識別の力がとりわけ必要となってきています。現代の生活には、行動と娯楽の途方もない数の可能性が差し出され、この世はそれらをどれも正当で有益なものであるかのように見せているからです。だれもが、なかでもとくに若者が、不断のザッピング文化にさらされています。画面を同時に二つも三つも開いて操作することや、別々の仮想空間に同時に加わることもできます。識別の知恵なしにはわたしたちは、いとも簡単に、時の風潮に流される操り人形と化してしまうでしょう。

168　これがとくに重要となるのは、人生に何か新しいことが現れたときです。それが神からもたらされた新しいぶどう酒なのか、それともこの世の考えや悪の霊による偽の新しいものなのかを識別しなければならないからです。逆のことも起きます。それは悪の力が変化を来さないようわたしたちを仕向け、現状を維持させ、保守化や固定化を選ばせることで生じます。そのようなときわたしたちは、聖霊の風の働きを押さえつけているのです。わたしたちは自由であり、イエス・キリストからの自由も得ています。それでもキリストはわたしたちに、自分の中にあるもの――欲望、苦悩、不安、期待――を、そして自分の周りで起きていること――「時のしるし」――を、よく確かめるようにと呼びかけておられます。最高の自由へと至る道を知るためにです。「すべてを吟味して、よいものを大事にしなさい」（一テサロニケ5・21）。

いつも主の光のもとで

169　識別は、普段と違う状況に対するときや、何か重要な問題を解決しなければならないときや、重大な決断を下さなければならないときにだけ必要となるのではありません。それは、主にいっそう忠実に従うための闘いの道具の一つです。わたしたちはつねに、神のくださる時機とその恵みに気づけるよう心掛け、主からの霊感を無駄にせず、成長しなさいという主の招きを見過ごさずにいなければなりません。多くの場合、識別は取るに足らないかに思える些細《ささい》なことの中で行われます。器量の大きさは、特別ではない、日常の中で表されるからです。(124) それは、最大のもの、最上のもの、最高のものに対して制限を加えないことであり、それと同時に、わずかなこと、今日の日のことに対して注意を向けることです。したがってすべてのキリスト者にお願いします。わたしたちを愛しておられる主との語らいをもって、日々の真摯な「良心の糾明」を怠らないでください。識別はまた、よいことをするつもりで終わらないよう、愛というその神秘の計画に主が用意してくださっている具体的な手段にも気づかせてくれます。

超自然的な恵み

170　確かに霊的識別は、人類、実生活、心理学、社会学、倫理学からの知恵による貢献を退けません。ただし、それらを超越します。教会の学識豊かな規範でさえ、識別には及びません。識別は恵みである、これを忘れずにいましょう。識別には理性と分別も含まれていますが、それらを上回るものです。それは神が一人ひとりのために用意し、実に多様な状況や制約の中で果たされる、かけがえのない唯一の計画の神秘をかいま見ることだからです。今現在の幸福感や、役に立つことをするという満足、良心のとがめを覚えるところがない状態への願望、そうしたことだけが問題なのではありません。問題は、わたしを知っていて愛して

くださる御父のみ前にある、わたしの人生の意味、だれよりもそのおかたがよく分かってい
てくださる、わたしという存在の真の姿なのです。結局のところ識別は、決して尽きること
のないいのちの源そのもの、すなわち「唯一のまことの神であられる（御父）と、（御父）
のお遣わしになったイエス・キリストを知ること」（ヨハネ17・3）へと導きます。識別に特
殊な能力は必要でなく、またそれは、高度の知識や高い教育を受けた人だけが手にするもの
でもありません。御父は、目立たぬ人にご自分を喜んでお示しになられるのです（マタイ11・
25参照）。

171　主は、わたしたちが携わる作業を通して、他者を通して、いつでも、わたしたちにさま
ざまなかたちで語りかけておられます。けれども、もっと神のことばに気づくため、授かっ
たと感じた霊感の真の意味を解釈するため、不安を和らげて神の光のもとで己の全存在を見
直すためには、じっくりと祈る沈黙を無視することはできません。それによってわたしたち
は、聖霊に照らされた生活から始まる新たな総合を生み出せるようになるのです。

語ってください、主よ

172　しかしながら、まさしくその祈りの中で、思いのままに動かれる自由な聖霊に向き合わずにいようとすることもあるでしょう。祈りによる識別には、まず聞こうとする姿勢が必要だということを忘れてはなりません。つねに新たにわたしたちに問いかける、主に、他者に、そして現実にも、耳を傾けることです。聞こうとする人だけが、自分の一面的で不十分な考え方や、習慣や、固定観念を脱する自由を手にしています。そうして、真に呼びかけにこたえられるようになります。それは、確かだと自分が思っているものを砕き、けれどもよりよい生き方へと導く呼びかけです。すべてが順風満帆、平穏無事なだけでは、十分ではないからです。神が、さらに何かを差し出しておられても、安穏に浸り注意散漫になっていて、それに気づかずにいるのかもしれないのです。

173　そうした聞く姿勢には当然、究極の基準である福音への従順、福音を守る教導職に対する従順、そして今日の救いにとって最高に豊かなものとなりうるものを、教会の宝の中に見いだそうと務める姿勢も含まれています。コツの書かれた手順表に従ったり、これまでどおりを繰り返すのではありません。同じ解決法がすべての状況に当てはまるはずはなく、ある事情には有効でも別の場合にはそうではないということがあるからです。霊的な識別は、固定化から解放してくれます。固定化は、復活されたかたの永遠の今日を前にしてはありえないものです。聖霊だけが、現実の一番暗い部分に入り込み、個々の違いを考慮することができます。新たな光をもって福音の新しさが立ち現れるためにです。

贈与の論理と十字架の論理

174　識別の力を育てるための必須条件は、決して完全にわたしたちのものとはなりえない、神の忍耐強さと神の時機を身に着ける訓練です。神は不忠実な者に火を降らせませんし（ルカ9・54参照）、麦の傍らで成長する「毒麦を集める」のに熱中するのを認めません（マタイ13・29参照）。また、「受けるよりは与えるほうが幸いである」（使徒言行録20・35）とあるように、寛容さが必要とされます。識別は、今の生活からさらに利益が出るものを発見するためではなく、洗礼によって託された使命をいかにして果たしていくかを見極めるためのものです。それには、すべてを差し出すまでに思い切る覚悟も含まれています。幸福とは逆説的なものなので、わたしたちが最高の体験をするのは、この世のものでないあの神秘の論理――聖ボナヴェントゥラが十字架を指して「これこそがわたしたちの論理」[125]といったもの――を受け入れたときです。そうしたダイナミズムを身に着けたならば、人は、自分の良心を麻痺させてはおかず、識別へと自らを広く開くでしょう。

175　神の前に立って、生き方をよく考えるならば、例外とされる部分はいっさいありません。生活のあらゆる点において、これ以上ないほどの困難を味わっているときであっても、わたしたちは成長し続け、別に何かを神にささげることができるはずです。ただし、聖霊に解放を求め、恐れ――これが、生活のどこかに入り込もうとする聖霊を遮ってしまいます――を打ち払ってくださるよう願い求める必要があります。すべてを求めておられるかたは、また、すべてをお与えくださいます。自由を奪うためでも、弱らせるためでもなく、満たすためにわたしたちの中に入りたいと願っておられます。ここから分かることは、識別とはうぬぼれた自己分析でもなく、自分勝手な内省でもなく、神の神秘に向かって、自分自身という場所から真に出て行くことです。神は、兄弟姉妹の幸せのためにとご自分が要請なさった使命を生きられるよう、わたしたちを助けてくださいます。

＊＊＊

176　この考察を、イエスが教えてくれた真福八端をだれよりも実践していたかた、マリアをもって締めくくりたいと思います。このかたは、神を前にして喜びに震え、すべてを心に納め、剣《つるぎ》で貫かれるのを受け入れたかたです。聖人の中の聖人、至聖なるかた、聖性の道を示し、ともに歩んでくださるかたです。わたしたちが倒れたままでいるのを見ておられず、時に、裁くことなくその腕で包んでください ます。マリアとの語らいによってわたしたちは慰められ、解放され、聖なるものへと導かれます。聖母には、ことばを連ねる必要はありません。何が起きたかを説明するのに必死になる必要はありません。繰り返し、そっと口にするだけでよいのです。「アヴェ、マリア、恵みに満ちたかた……」。

177　本書が、聖性への熱い思いを奨励することに献身する教会全体にとって、役立つものとなるよう期待します。聖霊に願い求めましょう。神の大いなる栄光のために、聖なる者になりたいという熱い思いを抱き、それを目指して互いに励まし合うことができますように。そうすればわたしたちは、この世には決して奪い取ることのできない幸いを、ともに手にすることができるでしょう。

教皇在位第六年、二〇一八年三月十九日　聖ヨセフの祭日
ローマ、聖ペトロの傍らにて
フランシスコ

注

第一章

（1）教皇ベネディクト十六世「教皇就任ミサ説教（二〇〇五年四月二十四日）」（AAS 97 [2005], 708）。

（2）各案件においては、少なくとも普通程度、キリスト教の徳の聖性の誉れとしるしがあることを想定している。教皇フランシスコ自発教令の形式による使徒的書簡「これ以上に大きな愛（二〇一七年七月十一日）」第二条c（*Maiorem hac dilectionem*: *L'Osservatore Romano*, 12 luglio 2017, p. 8）参照。

（3）第二バチカン公会議『教会憲章』9（*Lumen gentium*）。

（4）Joseph Malègue, *Pierres noires. Les classes moyennes du Salut*, Paris 1958 参照。

（5）第二バチカン公会議『教会憲章』12。

（6）十字架の聖テレジア・ベネディクタ（エディット・シュタイン）「隠された生活と主の公現（一九四〇年）」（*Verborgenes Leben und Epiphanie*: *Gesamtausgabe* Band 20, Freiburg i. Br. 2015, S. 124-125）。

（7）聖ヨハネ・パウロ二世教皇使徒的書簡『新千年期の初めに（二〇〇一年一月六日）』56（*Novo millennio ineunte*: AAS 93 [2001], 307）。

（8）聖ヨハネ・パウロ二世教皇使徒的書簡『紀元2000年の到来（一九九四年十一月十日）』37（*Tertio millennio adveniente*: AAS 87 [1995], 29）。

（9）聖ヨハネ・パウロ二世教皇「二十世紀における信仰の証言者の超教派記念式典説教（二〇〇〇年五月七日）」

5（AAS 92 [2000], 680-681）。

（10）第二バチカン公会議『教会憲章』11。

（11）Hans Urs Von Balthasar, "Theology and Holiness", in *Communio* 14/4 (1987), 345参照。

（12）十字架の聖ヨハネ『霊の賛歌』（*Cántico Espiritual B*, Prólogo, 2［東京女子跣足カルメル会訳、ドン・ボスコ社、一九六三年、一七頁］）。

（13）同（*Ibid.*, XIV-XV, 2［前出邦訳、一五一頁参照］）。

（14）教皇フランシスコ「一般謁見講話（二〇一四年十一月十九日）」（*Insegnamenti* II/2 [2014], 555）参照。

（15）聖フランシスコ・サレジオ『神愛論』（*Traité de l'amour de Dieu*, VIII, 11, *Œuvres complètes*, Paris 1969, p. 743［岳野慶作訳、中央出版社、一九六二年、六一三頁］）。

（16）グエン・ヴァン・トゥァン『5つのパンと2ひきの魚』（日本カトリック難民移住移動者委員会訳、女子パウロ会、二〇〇七年、二七頁、飯塚成彦訳、『希望の道——牢獄からの福音』ドン・ボスコ社、二〇〇三年、二五四頁）。

（17）ニュージーランド司教協議会「いやしの愛（一九八八年一月一日）」。

（18）聖イグナツィオ・デ・ロヨラ『霊操』（*Exercitia spiritualia*, 102-312［門脇佳吉訳、岩波書店、一九九五年、一三三—二五五頁］）参照。

（19）『カトリック教会のカテキズム』515。

（20）同516。

（21）同517。

（22）同518。
（23）同521。
（24）教皇ベネディクト十六世「一般謁見講話（二〇一一年四月十三日）」（*Insegnamenti* VII [2011], 451）。
（25）同（*Ibid.*, 450）。
（26）Hans Urs Von Balthasar, "Theology and Holiness", in *Communio* 14/4 (1987), 341-350 参照。
（27）Xavier Zubiri, *Naturaleza, historia, Dios*, Madrid 1999³, 427.
（28）Carlo M. Martini, *Le confessioni di Pietro*, Cinisello Balsamo 2017, 69.
（29）こうした薄っぺらな息抜きと、余裕のある心と観想的精神をもって自らを他者へ、そして現実へと開いてくれる、余暇を味わう健全な文化とを区別する必要がある。
（30）聖ヨハネ・パウロ二世教皇「列聖ミサ説教（二〇〇〇年十月一日）」5（AAS 92 [2000], 852）。
（31）西アフリカ司教協議会「第二回定例総会最終司牧メッセージ（二〇一六年二月二十九日）」2。
（32）レオン・ブロワ『貧しき女』（*La femme pauvre*, II, 27, Paris 1897, p. 388［水波純子訳、中央出版社、一九八二年、二七八頁］）。

第二章

（33）教理省書簡「プラクイト・デオ――キリスト教の救いに関する若干の側面（二〇一八年二月二十二日）」4（*Placuit Deo* ai Vescovi della Chiesa Cattolica su alcuni aspetti della salvezza cristiana: *L'Osservatore Romano*, 2 marzo 2018, pp. 4-5）「新ペラギウス的個人主義も、身体を無視する新グノーシス主義も、どちらも、キリスト、唯一普遍の救い主への信仰告白を軽んじている」参照。この書簡は、現代における新グノーシス主義と新ペラギウス主義的な傾向に関連してキリスト教の救いを理解する教義の基盤を示す。

(34) 教皇フランシスコ使徒的勧告『福音の喜び』(二〇一三年十一月二十四日)94 (*Evangelii gaudium*: AAS 105 [2013], 1060)。

(35) 同 (*Ibid*.: AAS 105 [2013], 1059)。

(36) 教皇フランシスコ「サンタマルタ館でのミサ説教(二〇一六年十一月十一日)」(*L'Osservatore Romano*, 12 novembre 2016, p. 8)。

(37) 聖ボナヴェントゥラが教えるように、「もろもろの知性的働きが捨て去られ、すべての情意の中枢(apex affectus)が神のうちに移し入れられて変容されねばなりません。……こうしたわけですから、このためには自然本性は無力であり、努力によってできるのはわずかなことですから、探究に払うべき注意はわずかにし、むしろ塗油に多くの注意を払うべきです。雄弁に向ける関心はわずかにし、むしろ内的喜びを重視すべきです。ことばと書かれたものに依るのはわずかにし、神のたまものすなわち聖霊に全面的に依るべきです。被造物にはただわずかにあるいは何も帰することなく、むしろ創造的本質に、つまり父と子と聖霊に全面的に帰するべきです」(*Itinerarium mentis in Deum*, VII, 4-5 [長倉久子訳、『魂の神への道程』創文社、一九九三年、八二—八三頁])。

(38) 教皇フランシスコ「教皇庁立アルゼンチンカトリック大学神学部創立百周年にあたっての大学総長あて書簡(二〇一五年三月三日)」(*L'Osservatore Romano*, 9-10 marzo 2015, p. 6)。

(39) 教皇フランシスコ使徒的勧告『福音の喜び』(二〇一三年十一月二十四日)40 (*Evangelii gaudium*: AAS 105

[2013], 1037)。

（40） 教皇フランシスコ「教皇庁立アルゼンチンカトリック大学での国際神学会議参加者あてビデオメッセージ（二〇一五年九月一―三日）」（AAS 107 [2015], 980.）。

（41） 聖ヨハネ・パウロ二世教皇使徒的勧告『奉献生活（一九九六年三月二十五日）』38（*Vita consecrate:* AAS 88 [1996], 412)。

（42） 教皇フランシスコ「教皇庁立アルゼンチンカトリック大学神学部創立百周年にあたっての大学総長あて書簡（二〇一五年三月三日）」（*L'Osservatore Romano*, 9-10 marzo 2015, p. 6)。

（43） アッシジの聖フランシスコ「兄弟アントニオにあてた手紙」2（FF 251［庄司篤訳『アシジの聖フランシスコの小品集』聖母の騎士社、一九八八年、六〇頁］)。

（44） 聖ボナヴェントゥラ「聖霊の七つのたまもの」（*De septem donis Spiritus Sancti*, 9, 15)。

（45） 同『命題集註解』（*Commentaria in quattuor libros Sententiarum*, 37, 1, 3, ad 6)。

（46） 教皇フランシスコ使徒的勧告『福音の喜び（二〇一三年十一月二十四日）』94（*Evangelii gaudium:* AAS 105 [2013], 1059)。

（47） 聖ボナヴェントゥラ「熾天使（セラフィム）の六つの翼」（*De sex alis seraphim* 3, 8）"Non omnes omnia possunt" 参照。これは、『カトリック教会のカテキズム』1735の内容に沿って理解されるものである。

（48） 聖トマス・アクィナス『神学大全』「しかし、ここ（地上）においては恩寵はある意味では不完全であり、それは上述のごとく、恩寵が人間を全面的にいやしてはいないかぎりにおいてである」（*Summa Theologiae*, I-II, q. 109, a. 9, ad 1［稲垣良典訳、『神学大全14』創文社、一九八九年、一〇〇頁］）参照。

（49）聖アウグスティヌス『自然本性と恩寵について』（*De natura et gratia*, XLIII, 50: PL 44, 271〔金子晴勇訳、『アウグスティヌス著作集第9巻ペラギウス派駁論集1』教文館、一九七九年、一九四頁〕）。

（50）同『告白』（*Confessiones* X, 29, 40: PL 32, 796〔宮谷宣史訳、『アウグスティヌス著作集第5巻II告白録（下）』教文館、二〇〇七年、一四七頁〕）。

（51）教皇フランシスコ使徒的勧告『福音の喜び（二〇一三年十一月二十四日）』44（*Evangelii gaudium*: AAS 105 [2013], 1038）参照。

（52）キリスト教信仰では恵みを、わたしたちの行為に先んじ、伴い、続くものと理解する（トリエント公会議第六総会「義認についての教令」第五章〔DH 1525〕参照）。

（53）聖ヨハネ・クリゾストモ『ローマの信徒への手紙講話』（*In epistulam ad Romanos homiliae*, 9, 11: PG 60, 470）参照。

（54）聖大バジリオ『謙遜について』（*Homilia de Humilitate*: PG 31, 530）。

（55）第二オランジュ教会会議「規定」4（DH 374）。

（56）トリエント公会議第六総会「義認についての教令」第八章（DH 1532）。

（57）『カトリック教会のカテキズム』1998。

（58）同2007。

（59）聖トマス・アクィナス『神学大全』（*Summa Theologiae*, I-II, q. 114, a. 5〔稲垣良典訳、『神学大全14』創文社、一九八九年、二一八頁〕）参照。

（60）幼いイエス（リジュー）の聖テレジア「神のあわれみ深い愛に身をささげる祈り」（“Acte d'offrande à l'Amour miséricordieux” [Prières, 6], [*Œuvres complètes*, Paris 1996, p. 963]〔東京女子跣足カルメル会訳、伊従信子改訳、『幼

いイエスの聖テレーズ自叙伝——その三つの原稿』ドン・ボスコ社、一九九六年、三九〇頁〕)。

(61) Lucio Gera, "*Sobre el misterio del pobre*," en P. Grelot-L. Gera-A. Dumas, *El Pobre*, Buenos Aires 1962, 103.

(62) これはつまり、義認の後の「いさおし(功徳)」についてのカトリックの教理である。すなわち、義とされた人の、恵みのいのちの成長のための協同が問われている(『カトリック教会のカテキズム』2010参照)。だがこの協同は決して、義認されること自体や、神との友情を、人間のいさおしの対象とはしない。

(63) 教皇フランシスコ使徒的勧告『福音の喜び(二〇一三年十一月二十四日)』95(*Evangelii gaudium*: AAS 105 [2013], 1060)参照。

(64) 聖トマス・アクィナス『神学大全』(*Summa Theologiae*, I-II, q. 107, a. 4〔稲垣良典訳、『神学大全14』創文社、一九八九年、三七頁〕)。

(65) 教皇フランシスコ「社会的に疎外された人のための聖年のミサ説教(二〇一六年十一月十三日)」(*L'Osservatore Romano*, 14-15 novembre 2016, p. 8)。

第三章

(66) 教皇フランシスコ「サンタマルタ館でのミサ説教(二〇一四年六月九日)」(*L'Osservatore Romano*, 10 giugno 2014, p. 8)参照。

(67) 第二と第三の幸いの順序は、文献によって異なる。

(68) 聖イグナツィオ・デ・ロヨラ『霊操』(*Exercitia spiritualia*, 23〔ホアン・カトレット、須沢かおり編著、『愛の鍛錬——聖イグナチオと十字架の聖ヨハネ・比較霊性の八日間の黙想』新世社、一九九一年、二七—二八頁〕)。

(69) 幼いイエス(リジュー)の聖テレジア「原稿C」(*Manuscrit C*, 12r.: *Œuvres complètes*, Paris 1996, p. 250,〔東京女子跣足カルメル会訳、伊従信子改訳、『幼いイエスの聖テレーズ自叙伝――その三つの原稿』ドン・ボスコ社、一九九六年、三二六頁〕)。

(70) 教父時代から、教会は涙のたまものの価値を認めている。それは *Ad petendam compunctionem cordis*(涙のたまもののミサ)での美しい集会祈願に表れている。"Omnípotens et mitíssime Deus, qui sitiénti pópulo fontem vivéntis aquae de petra produxísti: educ de cordis nostri durítia lácrimas compunctiónis; ut peccáta nostra plángere valeámus, remissionémque eórum, te miseránte, mereámur accípere."(神よ、あなたは全能、このうえなく優しいかた。あなたは渇く民のために、岩からいのちの水をわき出させてくださいました。このかたくなな心から悔い改めの涙を流させてください。この罪を嘆き、あわれみによって、あなたのゆるしを得ることができますように〔『ローマ・ミサ典礼書(一九六二年規範版)』聖人共通の部一一〇頁〕)。

(71) 『カトリック教会のカテキズム』1789。同1790参照。

(72) 同1787。

(73) 誹謗中傷はテロ行為に等しい。爆弾が投げ入れられて爆発し、襲撃者は満足げにほくそ笑むのと同じである。これは、直接顔と顔を合わせ、落ち着いて率直に、相手にとってよいことを考えながら他者と話す人の高潔さとはまったく別物である。

(74) 兄弟姉妹の厄介な部分について話し合わなければならないこともあるだろう。その際、客観的事実ではなく、その解釈が伝えられることがある。感情が、実際の具体的な事実を歪曲し、それを解釈に書き換え、主観性をまとわせてそれを伝えることになる。このようにして事実がゆがめられ、他者の真実が軽視される。

（75）教皇フランシスコ使徒的勧告『福音の喜び（二〇一三年十一月二十四日）』218（*Evangelii gaudium*: AAS 105 [2013], 1110）。

（76）同239（*Ibid.*: AAS 105 [2013], 1116）。

（77）同227（*Ibid.*: AAS 105 [2013], 1112）。

（78）聖ヨハネ・パウロ二世教皇回勅『新しい課題（一九九一年五月一日）』41c（*Centesimus annus*: AAS 83 [1991], 844-845）。

（79）聖ヨハネ・パウロ二世教皇使徒的書簡『新千年期の初めに（二〇〇一年一月六日）』49（*Novo millennio ineunte*: AAS 93 [2001], 302）。

（80）同（*Ibid.*）。

（81）教皇フランシスコ大勅書『イエス・キリスト、父のいつくしみのみ顔（二〇一五年四月十一日）』12（*Misericordiae Vultus*: AAS 107 [2015], 407）。

（82）追いはぎに半殺しにされて道端に置き捨てられた人に対する、よいサマリア人の行動を思い浮かべよ（ルカ10・30—37参照）。

（83）カナダ司教協議会・社会問題委員会「国会議員あて公開書簡「共通善か排除か——カナダ人のための選択」（二〇〇一年二月一日）」9。

（84）第五回ラテンアメリカ・カリブ司教協議会総会は、教会の変わらない教えに沿って、人間は「その受精の瞬間から人生のあらゆる段階において、自然な死を迎えるときも死の後にも、絶対的に神聖」であり、そのいのちは「受精の瞬間から、どの段階にあってもずっと、自然死のときまで」（「アパレシーダ文書（二〇〇七年六月二十九日）」388、464）守られるべきだと教えた。

（85）聖ベネディクト『戒律』（*Regla*, 53, 1: PL 66, 749〔古田暁訳、『聖ベネディクトの戒律』すえもりブックス、二〇〇〇年、二一二頁〕）。

（86）同（*Ibid.*, 53, 7: PL 66, 750〔前出邦訳、二一三頁〕）参照。

（87）同（*Ibid.*, 53, 15: PL 66, 751〔前出邦訳、二一五頁〕）。

（88）教皇フランシスコ大勅書『イエス・キリスト、父のいつくしみのみ顔（二〇一五年四月十一日）』9（*Misericordiae Vultus*: AAS 107 [2015], 405）。

（89）同10（*Ibid.*: AAS 107 [2015], 406）。

（90）教皇フランシスコ使徒的勧告『愛のよろこび（二〇一六年三月十九日）』311（*Amoris laetitia*: AAS 108 [2016], 439）。

（91）教皇フランシスコ使徒的勧告『福音の喜び（二〇一三年十一月二十四日）』197（*Evangelii gaudium*: AAS 105 [2013], 1103）。

（92）聖トマス・アクィナス『神学大全』（*Summa Theologiae*, II-II, q. 30, a. 4〔稲垣良典訳、『神学大全16』創文社、一九八七年、三五一―三五三頁〕）参照。

（93）同（*Ibid.*, ad 1〔前出邦訳、三五三頁〕）。

（94）コルカタの聖テレサ『貧しい人の中におられるキリスト』（*Cristo en los pobres*, Madrid 1981, 37-38）。

(95) 一見すると品がよく慇懃でなおかつとても霊的な部分を備えてはいても、相手の自尊心を大きく傷つける、いじめといいえる多くの形態がある。

(96) 十字架の聖ヨハネ「警戒の教え」(*Cautelas* 13b［東京女子跣足カルメル会訳、『小品集』ドン・ボスコ社、一九六〇年、二二二頁］)。

(97) 同(*Ibid.*, 13a［前出邦訳、二二二頁］)。

(98) 聖ファウスティナ・コヴァルスカ『日記――わたしの霊魂における神のいつくしみ』(*Dzienniczek*, 300［ユリアン・ルジツキ、相原富士子共訳、『聖ファウスティナの日記』聖母の騎士社、二〇一一年、一五〇頁］)。

(99) 聖トマス・アクィナス『神学大全』(*Summa Theologiae*, I-II, q. 70, a. 3［稲垣良典訳、『神学大全11』創文社、一九八〇年、四二〇頁］)。

(100) 教皇フランシスコ使徒的勧告『福音の喜び(二〇一三年十一月二十四日)』6(*Evangelii gaudium*: AAS 105［2013］, 1221)。

(101) 聖トマス・モアのような祈りを祈ることを勧めたい。「主よ、食べ物をよく消化できるようにしてください。また、消化しやすい食べ物をお与えください。健康なからだと、それを保つための良質なユーモアとをお与えください。主よ、よいものを見分け、悪におじけづかず、物事を帰すべきところに帰すことのできる、すなおな心をお与えください。倦怠も、不平も、ため息も、過度な煩いもない心をお与えください。すべては「わたし」という面倒なものがもたらすのです。主よ、ユーモアのセンスをお与えください。冗談を解する者となる恵みをお与えください。暮らしの中にささやかな喜びを見いだし、ほかの人とそれを分かち合う恵みをお与えください。アーメン」。

(102) 教皇フランシスコ使徒的勧告『愛のよろこび（二〇一六年三月十九日）』110（*Amoris laetitia*: AAS 108 [2016], 354）。

(103) 福者パウロ六世教皇使徒的勧告『福音宣教（一九七五年十二月八日）』80（*Evangelii nuntiandi*: AAS 68 [1976], 73）。同書において福者パウロ六世が、喜びをパレーシアと関連づけているのは興味深いことである。「喜びと希望の欠如」を嘆き教皇は、世界が福音を、「悲しみに沈んだ元気のない福音宣教者」から受け取ることがないよう、「だれも、何も消すことのできない、内的な熱情と喜び」と結ばれた「甘美と慰めに満ちた福音化の喜び」をたたえる。一九七五年の聖年に、パウロ六世は自身の使徒的勧告『ガウデーテ・イン・ドミノ（一九七五年五月九日）』（*Gaudete in Domino*: AAS 67 [1975], 289-322）を喜びに献じた。

(104) 十字架の聖ヨハネ「警戒の教え」（*Cautelas* 15［前出邦訳、二三頁］）。

(105) 聖ヨハネ・パウロ二世教皇使徒的勧告『奉献生活（一九九六年三月二十五日）』42（*Vita consecrata*: AAS 88 [1996], 416）。

(106) 聖アウグスティヌス『告白』（*Confessiones* IX, 10, 23-25: PL 32, 773-775［前出邦訳、五三―五八頁］）。

(107) わたしは、とくに三つのキーワード「いいですか、ありがとう、ごめんなさい」を思い浮かべている。「使うべき場面で発するふさわしいことばは、日ごとに愛を守り養う」からである（教皇フランシスコ使徒的勧告『愛のよろこび（二〇一六年三月十九日）』133（*Amoris laetitia*: AAS108 [2016], 363））。

(108) 幼いイエス（リジュー）の聖テレジア「原稿C」（*Manuscrit C*, 29v-30r.: *Œuvres complètes*, Paris 1996, pp. 274-275［前出邦訳、三六五―三六六頁］）。

(109) 十字架の聖ヨハネ「完徳への諸段階」(*Grados de perfección*, 2)。
(110) 同「完徳に達するために一修道士にあてた助言」(*Avisos a un religioso para alcanzar la perfección*, 9b［前出邦訳『小品集』、八七―八八頁］)。
(111) アヴィラの聖テレジア「自叙伝」第8章5(東京女子カルメル会訳、『イエズスの聖テレジア自叙伝』中央出版社、一九六〇年、八九頁)。
(112) 聖ヨハネ・パウロ二世教皇使徒的書簡『オリエンターレ・ルーメン(一九九五年五月二日)』16(*Orientale lumen*: AAS 87 [1995], 762)。
(113) 教皇フランシスコ「第五回全イタリア教会会議フィレンツェ大会でのあいさつ(二〇一五年十一月十日)」(AAS 107 [2015], 1284)。
(114) クレルヴォーの聖ベルナルド『雅歌講話』(*Sermones super Cantica Canticorum*, 61, 3-5: PL 183, 1071-1073)参照。
(115) 『無名の順礼者――あるロシア人順礼者の手記』(A・ローテル、斎田靖子訳、エンデルレ書店、一九九五年、二一、一三一頁)。
(116) 聖イグナツィオ・デ・ロヨラ『霊操』(*Exercitia spiritualia*, 230-237［前出邦訳、二〇七―二一〇頁］)参照。
(117) 福者シャルル・ド・フーコー「アンリ・ド・カステリあて書簡(一九〇一年八月十四日)」。
(118) 第五回ラテンアメリカ・カリブ司教協議会総会「アパレシーダ文書(二〇〇七年六月二十九日)」259。
(119) インド司教協議会「第二十一回定例総会最終宣言(二〇〇九年二月十八日)」3・2。

(120) 教皇フランシスコ「サンタマルタ館でのミサ説教(二〇一三年十月十一日)」(*L'Osservatore Romano*, 12 ottobre 2013, p. 12) 参照。

(121) 福者パウロ六世教皇「一般謁見講話(一九七二年十一月十五日)」(*Insegnamenti* X [1972], 1168-1170) 参照。「わたしたちの最大の必要の一つは、悪魔と呼ばれる、あの悪から身を守ることです。……悪とはただ欠点であるだけでなく、力であり、実際に生きて精神をもった、堕落し堕落させる存在です。恐ろしい、実在のものです。捉えどころのない、怖いものです。悪魔の存在を認めようとしない者、あるいは、神を起源とするあらゆる被造物とは違って、悪を単独の主人とする者、もしくは悪を、仮想の現実、原因不明の不幸についての考えや空想の擬人化だと説明する者は、聖書や教会の教えの枠の中に属してはいません」。

(122) 聖ホセ・ガブリエル・デル・ロサリオ・ブロチェロ「アルゼンチン司教協議会で行った、旗をかかげる部隊の話」("Plática de las banderas", en Conferencia Episcopal Argentina: *El Cura Brochero. Cartas* y sermones, Buenos Aires, 1999, p.71)。

(123) 教皇フランシスコ使徒的勧告『福音の喜び(二〇一三年十一月二十四日)』85 (*Evangelii gaudium*: AAS 105 [2013], 1056)。

(124) 聖イグナツィオ・デ・ロヨラの墓には、次のような示唆に富んだ碑銘が彫られている。"*Non coerceri a maximo, contineri tamen a minimo divinum est*"(大事におののかず、小事に配慮する——それが神聖というもの)。

(125) 聖ボナヴェントゥラ『ヘクサエメロン講解』(*Collationes in Hexaemeron*, 1. 30)。

略号

AAS *Acta Apostolicae Sedis*
DH Denzinger-Hünermann, *Enchiridion symbolorum definitionum et declarationum de rebus fidei et morum*
FF *Fonti Francescane*
PG *Patrologia Graeca*
PL *Patrologia Latina*

聖書の引用は原則として日本聖書協会『聖書 新共同訳』（二〇〇〇年版）を使用しました。ただし、漢字・仮名の表記は本文に合わせています。その他の訳文の引用に関しては訳者名を示していますが、引用に際し、一部表現や用字を変更した箇所があります。

あとがき

二〇一八年三月に公布された、教皇フランシスコの三つ目となる使徒的勧告 *Gaudete et exsultate* の邦訳をお届けいたします。

＊

まずは、タイトルについて説明いたします。gaudete et exsultate というラテン語は、マタイによる福音書5章12節から取られています。et という接続詞でつなげられた二つの単語はいずれも「喜ぶ」という意味で、本文冒頭にあるとおり、新共同訳では「喜びなさい。大いに喜びなさい」と訳されています。

しかし、この新共同訳を書籍タイトルとするには、少々長すぎてしっくりこない感じもありますので、他の訳との比較検討を行い、バルバロ訳の「喜びに喜べ」を邦題として採用することといたしました（ちなみにフランシスコ会訳では、当該箇所は「喜び躍れ」と訳されています）。

＊

本使徒的勧告で教皇が説くのは、選ばれた特別な人々が歩む道としてではなく、すべてのキリスト者が招かれている、日常の聖性、身近な聖性です。「これほど多くの優れた救いの手段に恵まれているすべてのキリスト信者は、どのような生活条件と身分にあっても、各自自分の道において、父自身が完全にもっている聖性に達するよう主から招かれている」という『教会憲章』(11)のことばを引いて教えられているのは、「自分自身の道を識別」(11)することの大切さです。

イエスは「小さなことにも心を配るようにと」弟子たちに教えたのだということを、教皇はあらためてわたしたちに思い起こさせてくれます(144)。ですから、日常における「ささやかな愛情表現」(145)の積み重ねが、わたしたちにとっての聖性の道となるのです。

また教皇は、聖性に反するものとして、保守的な考えに根をもった、偏った一面的な思考について、鋭く警鐘を鳴らしています。現代にもかたちを変えてはびこっている、グノーシス主義やペラギウス主義への厳しい批判はこれまでにもたびたび述べられてきたことですが、それ以外にも、たとえば移民の問題について、「一部のカトリック信者は、生命倫理の「深刻な」問題に比べれば二次的なものだと主張しています」(102)との強い訴えには、多様な面から生命の尊厳を考えるという当たり前のことが、教会内においてすらなかなか浸透せずにいることへの、教皇の焦慮と苦悩を読み取ることができるのではないでしょうか。

「識別とはうぬぼれた自己分析でもなく、自分勝手な内省でもなく、神の神秘に向かって、自分自身という場所から真に出て行くことです」(175)。これは本書の末尾近くに置かれたことばですが、ここにも、フランシスコ教皇の一貫した思いが鮮やかに表現されています。自分自身から、自分の殻から出ていくこと——教皇のこのひたすらな訴えに耳を傾け従うことで、わたしたちの前にも聖性の道が開かれ、そしてわたしたちは「喜び」を手にすることができるのです。

二〇一八年九月

カトリック中央協議会出版部

ADHORTATIO APOSTOLICA
GAUDETE ET EXSULTATE
Libreria Editrice Vaticana © 2018

使徒的勧告　喜びに喜べ――現代世界における聖性

2018年10月5日 第1刷 発行　　日本カトリック司教協議会認可
2021年 7 月1日 第3刷 発行

著　者　教皇フランシスコ
訳　者　カトリック中央協議会事務局
発　行　カトリック中央協議会
〒135-8585 東京都江東区潮見2-10-10 日本カトリック会館内
☎03-5632-4411(代表)、03-5632-4429(出版部)

印 刷　株式会社精興社

定価はカバーに表示してあります　ISBN978-4-87750-213-3 C0016